暮らしも
心も調う

# 大人の断捨離手帖

やましたひでこ

Gakken

# はじめに

**男は、そぎ落としてこそ、際立つ。**
**女は、手放してこそ、美しい。**

私は、そう思っている。

**際立っている男。**
**美しい女。**

もしも、あなたが男として、そうありたいと考えるならば、もしも、あなたが女として、そうなりたいと思うならば、まずは、自分はそぎ落としているか、まずは、自分は手放しているかを、振り返ってみたらどうだろう。

そして、私はこう問いかける。

**男であるあなたは、いったい何を、そんなに抱え込んでいるのだろう？**

**女であるあなたは、いったい何を、そんなにため込んでいるのだろう？**


もしも、あなたが、たくさんのモノ、たくさんのコトを抱え込んでいるならば、そのうち、あなたの人生はホコリに埋もれ、沈んでいく。

もしも、あなたが、いっぱいのモノ、いっぱいのコトをため込んでいるならば、やがて、あなたの暮らしはホコリにまみれ、損なわれていく。


**そぎ落としていくこと。**

**手放していくこと。**


それは、ホコリに埋もれたあなたを、ホコリにまみれたあなたを、甦《よみがえ》らせてくれるはず。

さあ、余分なモノをそぎ落とし、そう、余計なモノを手放して、あなたの大事な人生をより際立たせ、あなたの大切な暮らしをもっと美しくしていくのです。

目次

はじめに——2

第1章
「モノ」があなたを映し出す

断捨離で、人生がダイナミックに変化する！——12
「断捨離」って何？——14
人は、モノに「想い」を込める——19
なぜ、断捨離で人生がうまくいくのか？——23
断捨離は、モノを通した「自分探し」——25
「片づけられない女」vs.「片づかない男」——27

第2章

# 「空間」が今のあなたを物語る

昔よりも、片づけが難しくなった理由――30
片づけとは「片をつけること」――34
男が抱え込みがちなモノ――38
女がため込みがちなモノ――43
モノをため込む3つの心理タイプ――50
「家」を見れば、「心」がわかる――60
すさんだ家は、自分と家族への虐待?――63
荒れたキッチンが物語ること――65
「選び抜いたモノ」で自分をもてなす――71

第3章

# 断捨離とは「引き算」の解決法


「住環境」が整うと、エネルギーがわいてくる――74
「収納スペース」があればあるほど、モノがたまる？――77
「お財布」にお金が入ってこない理由――80
男の空間 あなたはデキる男か？――84
女の空間 あなたはキレイな女か？――88
「足し算」から「引き算」へ――94
「モノが主役」で生活している私たち――97
もったいないは、もったいない――100
「モノ」に奪われているもの――103

「捨てられない」モノはない！──105
重要軸は「私」、時間軸は「今」──107
「いつか」「そのうち」は禁句──112
「要・適・快」で、モノを絞り込む──115
モノからわかる「セルフイメージ」──118
モノを入れ替えることで、
「セルフイメージ」が入れ替わる──122
「過去」に引きずられ、「未来」にさまよう──125
モノを通して「今」を意識する──127
「収納しっぱなし」は「散らかしっぱなし」と同じ──131
「片をつける」ために欠かせないものとは？──133
スーパーでティッシュペーパーを
選びながら、センスを磨く──139

## 第4章

モノに自分を高めてもらう ―― 143
自分で考える、自分で感じる ―― 146
今いる場から、目の前のモノから、始める ―― 149
断捨離に終わりはない！ ―― 153

# 整えれば、調《ととの》う

モノを整えて、「美学」と「美意識」を磨く ―― 158
あなたの家、人生を「詰まらせているモノ」の正体とは？ ―― 160
（体験談1）断捨離で、人間関係が変わる ―― 165
（体験談2）断捨離で、ダイエットに成功する ―― 173

（体験談3）断捨離で、自分が好きになる――177
（体験談4）断捨離で、仕事がうまくいく――181
（体験談5）断捨離で、金運がよくなる――185
（体験談6）断捨離で、人との出逢いが加速する――189
（体験談7）断捨離で、毎日が変わる――193
おわりに――204

＊本書は、2015年に発売された、著者初の大人の男女向けの作品『大人の断捨離手帖』（Gakken）を一部加筆修正した新装版です。

デザイン　須貝美咲（sukai）
イラスト　田中麻里子
取材協力　肥田倫子

# 第1章

# 「モノ」が
# あなたを映し出す

# 断捨離で、人生がダイナミックに変化する！

断捨離の実践者は、

「絶対捨てられないと思い込んでいたモノが、実はまったく必要もないモノだと気づき、簡単に捨てられた」

「片づけられない原因が、どこにあるかわかった」

「仕事や他人との関係性も、大いに見直すことができた」

「自分を大切にするとはいったいどういうことなのかがわかり、大切にできるようになった」

「モノと一緒に、ストレスも一気に減って、とても気持ちがラクになった」

といったことを頻繁に口にする。

そして、

「おまけに、結婚までできました」

「ダイエットになんなく成功しました」

「離婚して、新たな一歩を踏み出しました」

「前からやりたかった仕事に、チャレンジすることにしました」

「自分には無理！　と思っていたようなファッションを自由にたのしめるようになりました」


と、人生に果敢な挑戦をする自分自身との出逢《であ》いを果たすようになる。

世の中にはさまざまな片づけ術はあるけれど、こうした**「心の変化」**や**「生活の変化」「人生の変化」が起こるところが、断捨離の奥が深いところ。**

でも、なぜ、断捨離で、そんな変化が起こるのだろう？

# 「断捨離」って何？

断捨離とは、「引き算の解決法」であり、「引き算の美学」。

もっと簡単に言うならば、**モノを手放していく行動によって、心を解きほぐし、スッキリと軽やかに生きるメソッド。**

もとはと言えば、**ヨガの「断行《だんぎょう》」「捨行《しゃぎょう》」「離行《りぎょう》」という行法哲学にヒントを得たものであり、モノと空間を整え、心と人生を調《ととの》えていく片づけ術です。**

**【断】**とは、**モノの入り口。**今の自分に「必要なモノ」と「必要ではないモノ」を吟味すること。必要ではないモノを断ち、**必要なモノを選ぶこと。**

**【捨】**とは、**モノの出口。**今の自分に「必要なモノ」と「必要ではないモノ」を改めて見極めること。必要ではなくなったモノを捨て、**必要なモノを残すこと。**

断《ダン》

モノの入口
必要なモノを選ぶ

POINT 今の自分に必要か、
必要でないか

「断」と「捨」の
繰り返し

×

捨《シャ》

モノの出口
必要なモノを残す

POINT 今の自分に必要か、
必要でないか

＝

離《リ》

選び抜いたモノが
最適に機能を
している状態

断捨離とは、ため込みという停滞から脱出するプロセス。
「断」と「捨」を繰り返して「離」の状態に。

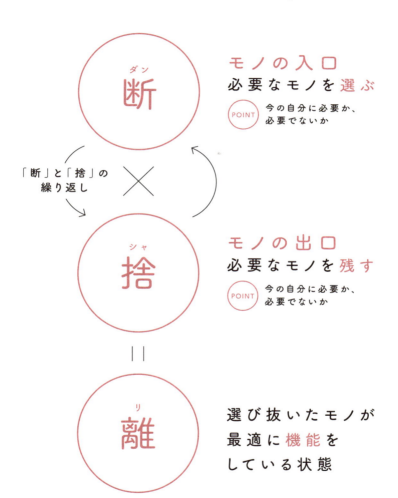

**【離】**とは、「断」と「捨」を繰り返すことによって到達する状態。選び抜いたモノが、入り口から出口までスムーズに流れ、新陳代謝し、**最適に機能している状態**。

「断捨離」という言葉は、この3つのプロセスを表しています。

私は学生時代にヨガを学び、この断行、捨行、離行の理念に縁を得ました。その当時、私はまだまだ物欲いっぱいの女子学生。所有欲の塊の若い女子。だから、断行、捨行、離行を実践することなど「無理！」としか思えなかったのも、それこそ無理からぬこと。

そして、時が流れ、当然、モノはどんどん増えていくばかり。

白状すると、かつては私も、片づけがとても苦手でした。それなりに家は片づいてはいたのですが、あり余るモノの出し入れに、時間と手間を費やす日々。

モノの多さに圧迫感を覚え、あふれんばかりのモノをなんとか収拾しようと、プラスチックのコンテナを大量に買い込んだ時期もありました。そう、収納すれば、問題はスッキリ解決すると思ったのです。

収納家具というのは、そこに詰め込んでしまえば、一見片づいたかのように見えます。けれど、詰め込んだモノをいちいちひっぱり出すには、手間がかかります。当然、出したらまた、しまい込まなければなりません。

モノが目につかないという点ではスッキリしていますが、その出し入れに多くのエネルギーと時間を費やすのですから、心はまったくスッキリしない。収納家具が加わったぶん、モノが占領する空間は以前より明らかに広がっています。モノの多さに辟易《へきえき》していたのに、収納家具というモノを買い足して解決しようというのが、そもそも大きな間違いだったのです。

そんなとき、思ったのです。

モノがなければ、こんなに苦労することはない！　部屋も心もスッキリしたければ、モノを減らせばいいんだ！

疲れ果てた私の頭にふと浮かんだのが、大学時代にあきらめた断行、捨行、離行でした。収納でヘトヘトになった暮らしの中で、「モノを持たなければいい」という考え方に行き当たったのです。ヨガの考え方が、スーッと腑《ふ》に落ちた瞬間でした。

もちろん「収納すること」から「モノを減らすこと」へと意識を切り替えたからといって、すぐにモノを減らせたわけではありません。私自身、時間をかけ、試行錯誤しながら、断捨離を実践する日々が始まったのです。

それから約40年。今では、断捨離ハウスを訪ねてきた方たちから、
「本当に、こんなにモノが少なくて生活ができるんですか？」
とビックリされるほど。

**コツコツと断捨離を続けていけば、あなたも、きっと「片づけられない悩み」から解放されます。** そして、スッキリと気分よく過ごせるようになります。私も、片づけが苦手でしたから、よくわかるのです。

# 人は、モノに「想い」を込める

では、なぜ断捨離で、人生が変わるのか？　なぜ、モノを手放すことで、心がスッキリするのか？

それは、私たちが**モノに「意味」を張りつけ、「想《おも》い」を込めている**からです。

たとえば、愉《たの》しかった思い出のモノは、愉しい想いの証拠品であり、高かったのにあまり着なかった洋服というのは、「後ろめたさ」という負の想いの証拠品です。

人からもらったモノの場合は、贈り主の想いに加え、「誰からもらったモノなのか」という、贈り主に対する自分の想いも重なります。

好きな人からもらったモノは多少好みでなくても大切に思えるのに、好きでない人からもらったモノはよっぽど気に入らない限り大切に思えないということはよくあることでしょう。

人は、モノに想いを張りつける。

もともと、モノには意味はついていないので、意味づけしているのは私たち。

そこにどんな想いを張りつけているのかで、自分から見た「モノのありさま」は違いますし、自分が受ける影響もまったく違うものになってきます。

その想いが嬉《うれ》しいものなら、それは素敵なことですし、きっとそのモノは、自分にとって「お気に入り」であるはずです。しかし、その想いが自分にとって「重い」ものであれば……どうでしょうか？

たとえば、そのモノを見るたびに「辛かった出来事」や「大嫌いな○○さん」が思い浮かぶのなら、けっして愉しいものではありませんよね。むしろ、それは、心を重くしている、不機嫌にしているモノだと言えるでしょう。

モノはモノであるようで単なるモノではありません。私たちの感情そのもの。

つまり、**断捨離でモノを手放すことで、感情も一緒に手放せるということなのです。**


ここで、ある女性のお話をしましょう。

彼女は、結婚して30年以上もたっているにもかかわらず、結婚前からのモノをすべてため込んでいました。

昔、モテモテだった頃にもらったたくさんのラブレター。昔、学生時代に読んだ本。昔、男性に称賛された若く可愛いアイドルのような写真……。

それらの山のような品々は、すべて過去の遺物。でも、彼女はそこに希望の想いを込めていたのです。

「私、ホントはみんなのマドンナ。しかも、知性にもあふれた私。けっして、ただの主婦なんかじゃないのだから。今、誰からも見向きもされない私は、ホントの私とは違うのだから」

そう、この女性は、今の自分の現実と、かつての注目を一身に集めていた自分との乖離《かいり》に、大いに不全感を覚えていたのです。今の立場が面白くなく、つまらない。つまり、現在の夫、現在の家族、現在の経済状態、現在の立場には、すべて不満。だから、それら過去の栄光の品々を、すべて身の回りに積み上げていたのです。**彼女は、過去に生きている自分に気づいていません。現実に目を向けていない自分に気づいていません。**だとしたら、彼女はこれからもずっとこのまま不全感とともに歩むことになります。これでは、人生は変わりません。

でも、もしも、彼女が、これら過去の遺物たちに込めた自分の想いに気づけたなら、そして、それらを手放すことができたなら、人生に代謝が起きてくるはず。過去のよどみと化したヘドロの沼から足を洗い、今の自分を取り戻していけるはず。

これは、いかに、私たちがモノに想いを込めているかという、怖《おそ》ろしいくらいの実例であり一例です。

モノというのは、その物理的な形や機能のことではないのです。モノ自体は「モノ」として存在していますが、私たちにとっては、**「モノ＋想い」として目の前に存在している**ということなのです。

## なぜ、断捨離で人生がうまくいくのか？

私たちは、モノに意味を張りつけ、想いを込めていきます。だから、モノを手放すことは、モノに知らず知らず込めてしまった想いを手放すことでもあるのです。

そのモノを捨てることで、そこに張りついた想いも視界から消えることになります。すると、想いに焦点を合わせることがなくなります。注意を奪われる頻度も激減します。

**モノを捨てた結果、今までとは違うところに、関心が向かうようになるのです。**

だからこそ、断捨離を実践すると、心の変化や生活の変化、人生の変化が訪れるのだと、私は考えます。モノを手放すことで、スッキリとごきげんになっていくのです。

「運気を上げたい」「幸せを引き寄せたい」という願いは誰もが持つもの。私も、かつては「開運」や「引き寄せ」といった言葉に心を躍らせていたものです。

けれど、「運」とは、あの手この手を使って、開いたり、引き寄せたりするものではありません。

運は、あたかも運河に流れ込んでくるかのごとく。

**流れの妨げとなる邪魔なモノを取り除いておけば、いつ、どこから運が流れてきても逃してしまうことはありません。**その時、その場で、すぐさますくい上げることができます。

モノがため込まれ、とり散らかった空間と心。モノが絞り込まれ、スッキリと片づいた状態の空間と心。流れがいいのはどちらでしょう？　好機を逃さず、ただちに行動を起こせるのはどちらでしょう？

答えは明らかですね。

だからこそ、断捨離をすると思いもよらなかったものが流れ込んできて、人生が動き出す。私はそう解釈しています。

# 断捨離は、モノを通した「自分探し」

繰り返し申し上げておきましょう。私たちは、モノに意味を張りつけ、想いを込めていくものであることを。
だからこそ、手放せずに抱え込み、ため込んでいるモノを見ると、その人が何に怖れを抱き、何に不安を覚えているのかがよくわかります。

**何を、抱え込んでいるのか？**
**何を、ため込んでいるのか？**
**そして、なぜ、手放せないのか？**

目の前のモノと向き合い、モノと自分との関係を問い直すことで、自分自身でも気がついていない深層心理に気づくことができます。

モノと向き合い、張りついた想いを整理することは、ときに苦痛を伴います。

「捨てるべきか」を他人に相談する人がいますが、人の判断にゆだねてしまっては、どんなにモノを捨て、空間をスッキリさせても、断捨離とは言いません。

断捨離は、単に捨てる行為を指しているわけではないからです。

**モノに張りついた想いを見つめる行為が、断捨離の重要なプロセスなのです。**

そこに張りついた想いを見つめたうえで、「手放さない」という判断をすることもまた断捨離。手放すか、手放さないか。それを決められるのは、モノに張りついた想いを感知できる所有者しかいません。

コツコツと地味な作業ではありますが、モノとひとつひとつ向き合うことで、自分の知らなかった自分の想いを知ることができます。それまで気づかなかった、自分の気持ちに気づくことができます。

そう、**断捨離はモノを通した「自分探し」**。自分自身を深く知る、自己探訪の実践的なメソッドでもあるのです。

# 「片づけられない女」vs.「片づかない男」

私が断捨離を外に向かって発信しだしたのは、2001年の秋のこと。本を出版する以前からセミナーを展開しており、これまでに延べ5000人以上の方々に参加していただいたでしょうか。そして、講演で聴講くださった方々は、おそらく数万は下らないでしょう。

セミナーでも、講演でも、私が一方的にお話しするだけでなく、参加者の方々から片づけに関する悩みや質問を直接聞いてきました。

悩みは人によってそれぞれ違うものの、多くの女性が口にするのが「片づけられない」という言葉。言葉のあやと言えばそれまでですが、多くの女性が「片づかない」ではなく、「片づけられない」と悩みを訴えるのです。

でも、よく考えたら、「片づけられない」というのはとても妙な表現。

なぜなら、「片づいているかどうか」というのは家の状態を表す結果であって、「られる」「られない」というのは能力の話。

つまり、**「片づけられない」と言うのは、女性が片づけを「能力」ととらえている証拠。「片づけられない」と自分を責めているのです。**

一方、多くの男性には「片づけられない」という悩みは存在しません。セミナーに来られる男性も、「片づかない」とは言いますが、「片づけられない」とはめったに言わないのです。

つまり、**男性にとって、片づいているか片づいていないかという「状況」の問題と、自分の「能力」の問題は別の話なのです。**

おそらく女性は、片づけをはじめとする家事労働というのは、「女性がやるものだ」という認識を無意識のうちに持っているのでしょう。

逆に、男性が片づけを状況ととらえるのは、もしかすると「片づけは誰かがやってくれるもの」という意識があるからなのかもしれません。

同じ片づけに対しても、男女では受け止め方が違うのだと実感させられます。

さらに、「片づけられない」と自分を責めてしまう女性（まれに男性も）には、「片づけなんて、誰にでもできる簡単な家事労働」という考えが根っこにあるようです。

しかし、結論から言えば、これは大間違い。

**片づけは、けっして簡単な作業ではありません。**

片づけは、単に散らかったモノを「収納」したり、見栄えがよくなるように「整理整頓」したりする作業でもなければ、汚れたところを拭いたり磨いたりする「掃除」とも別のもの。

収納や整理整頓、掃除であれば、せっせと頑張ればそのうちになんとかなりますが、片づけは、モノの「要・不要」をはじめとした判断を要求される、非常に知的な作業なのです。

# 昔よりも、片づけが難しくなった理由

そもそも、片づかない最大の原因は、家が狭いことでもなければ、収納スペースが足りないことでもありません。**単純に、モノが多すぎるから片づかないのです。**

収納するスペースもなければ、モノの出し入れに費やす時間も、エネルギーも足りないのです。自分の持っている空間、時間、エネルギーを超える量のモノを抱え込んでいるから管理が及ばなくなり、片づかない状況になるのです。

**今の時代は、モノがあふれています。**流行によってどんどん新しいモノが生まれるうえに、とても品質がよくて長持ちするモノをかつてないレベルで安く手に入れることができます。

**自分で手に入れるまでもなく、無料のモノも、私たちの住まいに毎日なだれ込**

**んできます。**

一例をあげてみましょう。

## 包装容器の類い

実は、これがいちばんの曲者《くせもの》。今の時代、どんなモノであれ、過剰に包装され、容器に容《い》れられています。しかも、ただの包装容器として廃棄してしまうには惜しいような素材であったり、素敵なデザインだったりします。

ブランドショップのコーティングされた上質な紙バッグから、スーパーのペラペラのレジ袋まで。あるいは、可愛いクッキーの缶から、趣きのある和菓子の紙箱・包装紙まで、さまざまなデザインが施されています。

ただでさえ、私たちは、包むモノ、容れるモノにとても魅力を感じてしまう性分。それが、たくさんのモノ、ひとつひとつに全部もれなくついているのだからたまりません。

それに、私たちも商品を選ぶ際に、実はモノそのものよりも、外側の包装容器のありさまに大いに影響されているはずですね。そのような包装容器の類いは、ついためておきたくなるものです。

ほかにも、住まいには、勝手に流れ込んでくるモノがたくさんあります。

**粗品、景品**
**ノベルティグッズ、付録、オマケの類い**
**化粧品の試供品**
**コンビニの割り箸《ばし》、プラスチックのスプーン、おしぼり**
**保冷剤**
**わさび、からし、たれの小袋**
**ダイレクトメール、チラシ**

さらに、私たちは買い物が大好き。買い物は、私たちに喜びを与えてくれます。モノを手に入れることで元気になることもあれば、ときに寂しさを埋めてくれることもあります。モノは、自己表現の手段にもなります。

私たちは、モノの洪水に溺《おぼ》れていると言ってもいいでしょう。昔よりも片づけが難しくなった理由は、ここにあります。

**モノの量に比例して、立ちはだかる「片づけの壁」は大きくなっているのです。**漫然と欲求に身をゆだねて過ごせば、家中がモノであふれ、物置と化してしまうのは必至なのです。

こうした状況の中で、必要なモノを絞り込んでいくのはとても難しいことです。スポーツにたとえれば、オリンピック級のスキルが必要と言ってもいいでしょう。ですから、「片づけられないダメな私」と自分を責めることはないのです。片づけられないのは、生まれつきの能力のせいではないのです。

**片づけは、新しい時代を快適に暮らすための高度なスキルです。**「片づけられない」と自分を責めてもただ辛いだけ。**「モノが多くて、片づかない」**と居直ることから始めてください。

そして、日々淡々と、モノを絞り込んでいく意識と回路を身につけ、片づけに取り組んでいくのです。

## 片づけとは「片をつけること」

新陳代謝することで、私たちは命をつないでいます。だからこそ、モノのため込みという「堆積」に対して、私たちは違和感を覚え、「片づけたい」「片づけなければ」と思うのです。

逆に言えば、「片づけたい」「片づけなければ」と思うのは、私たちが「片づいた状態は快適で気持ちいい」ということを、本能的に知っている証拠でもあります。

ところで、私たちが普段何気なく使っている「片づけ」という言葉には、どんな意味があるのでしょう？

モノを収納するのが、片づけでしょうか？　散らかった状態を整えるのが、片づけでしょうか？

**「片づけ」のそもそもの意味は、「片」を「つける」こと。つまり、「始末をつける」ことです。**

何事にも、始まりがあれば終わりがあります。新しかったモノは、いずれ古くなり、流行の最先端だったはずのモノも、時間の経過とともに時代遅れになります。私たち自身も年を重ね、いずれはこの世を去ります。

「片づける」ということは、モノであれ何であれ、必ず終わりがあるという事実を受け入れたうえで、その終わりをしっかり見極め、正しく対処すること。私はそう考えています。

始めたからにはしっかり終わらせる。始末をつける。それが、「片をつける」ということです。

ペンを使ったらペン立てに戻すことも、「片づけ」です。使えなくなったペンを処分することも、「片づけ」です。

けれど、**使っていないペン、この先使われる予定のないペンのためにわざわざ場所を用意して、それを後生大事にしまっておくことは、「片づけ」とは言いません。**

「使える状態にあるモノは、使われていなくてもモノとしての価値を持っている。モノとして終わっていない」

そういう考え方もあります。けれど、使われていないうえに使う予定さえないということは、必要がないということ。つまり、「使う私とそのモノとの関係は終わっている」ということです。

**「使えるから」という理由で、必要のないモノをため込んでしまったら、家は住まいではなく、「物置」「ゴミ置き場」と化してしまいます。**「使えるから」という理由で、不必要なモノの収納に励んだら、住まいを果てしなく拡張し続けなければなりません。

しまい込まれたモノは、機能していないモノ。機能していないモノを家の中に抱え続けることは、身体で言えば「便秘」している状態です。

私たちは、食事をしたら排泄《はいせつ》をします。うまく排泄ができないと、身体は不調になります。

モノも同じことです。

排泄されることなくため込まれた過剰なモノは、私たちの生活に滞りを生みます。放置されたまま行き場を失った過剰なモノは、私たちの心によどみを作ります。新陳代謝が行われず、モノが堆積していけば、生活も気持ちも不調になるのはごく自然なことなのです。

モノが散乱していないからといって、片づいているわけではありません。キレイに収納されているからといって、片づいているわけでもありません。

**断捨離で言う「片づけ」とは、モノと向き合い、そのモノと自分との関係を問い直すこと。そして、関係が終わったモノをしかるべき方法で手放し、始末をつけることなのです。**

## 男が抱え込みがちなモノ

男性にも、女性にも、それぞれ、ため込みがちなモノがあります。

特に、**男性は、プライドを大事にする生き物。「自己重要感」を満たしてくれるモノ、「自分はすごい！」とアピールできるモノを抱え込みがちです。**

よくある例をあげてみましょう。

### ○コレクター商品

男性の部屋にズラリと飾られた、**フィギュアや骨董《こっとう》、レコード**など、そのジャンルにおいて価値があるとされる、ストーリーやロマンが込められたモノの数々。

棚や壁に並べて見せびらかす男性も多いものですが、こうしたアイテムを抱え込むのは、「オレってすごいんだぞ!」と、モノを通じて主張しているようなもの。根っこには、**モノを通して自己重要感を満たそうとする心理**があるようです。

また、男性には狩猟本能がありますから、モノを持ち帰り、コレクションすることそのものが喜びにもなるようです。

**コレクター商品**は、その業界においては、何十万、何百万もする価値があるモノなのかもしれませんが、興味のない人には、ゴミやガラクタ同然です。奥さんがガラクタ同然に見えた旦那さんのモノを勝手に捨てて、大バトルが勃発するといったことも少なくありません。

## ○ネクタイ

定年後の男性が、捨てられないモノとしてあげる代表格が**ネクタイ**です。

100本近くものネクタイを手放せないという男性がいました。ビジネスマンな

らネクタイは必需品ですが、彼は定年を迎えてからすでに何年もたっており、ネクタイを締めるのは冠婚葬祭のときくらい。たまにネクタイを締めて外出したくなったとしても、さすがに100本はいりません。

ネクタイを締める機会がそうそうないことも、ネクタイの数が多すぎることも、その男性はちゃんと認識しています。けれど、奥様がネクタイを処分しようとすると、かたくなに拒否するのです。

なぜ、その男性は、使いもしないネクタイを抱え込んでいるのでしょう?

多くの男性にとって、**ネクタイは社会における存在価値の象徴**。かつての自分の地位や、自分がビジネスの一線でバリバリ働いていたという証拠品なのです。

ネクタイを処分してしまうことは、過去の自分と決別すること。ネクタイを手放せば、自分と社会とのつながりが断ち切られてしまう。そんな気持ちから、男性はネクタイに固執してしまうのかもしれません。

## ○本

ネクタイと同様、男性が捨てられないモノとしてあげる代表選手が**本**です。本は知の象徴であり、本をたくさん読んでいる人はいかにも知識が豊富なイメージがあります。

本棚を見ると、その人が何に興味を持ち、どんなことに関心を持っているかがわかります。頼りにならないと思っていた男性の本棚を見て、「思ったより意識が高いんだ」とか「もしかして思った以上に頭がいいかも」などと、彼を見直した女性も多いのではないでしょうか。

男性が本を抱え込む背景には、**知識コンプレックスが潜んでいる可能性があります**。「知識があるオレ」「デキる男」であることを証明したい。かしこく思われたい……。周りから一目置かれたい欲求が、男性は特に強いのでしょう。

たしかに本棚に並べられた多くの本は、本棚の持ち主が多くの本を読んだという

証《あかし》です。それらの本から得た知識を持っているという証拠品です。

けれど、何度も繰り返し手に取って読む本は、そうそう多くはないはずです。ましてや本を捨ててしまうと、それを読んだことによって得た知識まで消えてなくなってしまうわけではありません。頭の中にしっかり残っているはずです。

つまり、知識の多さを蔵書の数で証明する必要はないのです。

大量の英語の学習書、大量のビジネス書、大量の教養本、大量の小説など……、大量に並んでいる本の種類によっても、何に対して執着、あるいはコンプレックスを持っているかがひもとけます。

仕事で集めた資料や切り抜きなどを捨てられないという男性にも、同様の心理が隠れています。

# 女がため込みがちなモノ

**女性は、誰からも愛されたい生き物。「承認欲求」を満たしてくれるモノをため込みがち**です。

よくある例をあげてみましょう。

## ○キッチン道具類

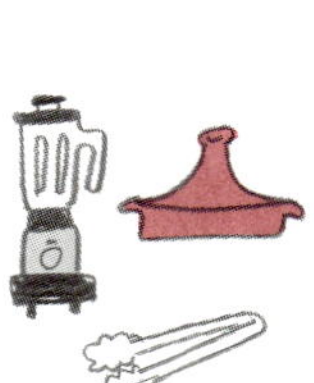

愛される妻でありたい。素敵な奥さんでありたい。よい母親でありたい。

女性は強くなったと思われがちですが、案外と健気《けなげ》な存在であると言ったら驚かれるでしょうか。そう、やはり、多くの女性は、主婦として立派にその役目を果たし、そこで評価を得たいと潜在的に思っているものです。

けれど、今の女性は仕事を持っていることが多く、家事がおろそかになりがち。それは仕方がないことなのに、後ろめたく思っている女性は、実はとても多いのです。

中でも、食事作りはその筆頭。毎日毎日の献立に悩みながらも、少しでもマシなもの、マトモなものを夫や子どもたちに食べさせなくてはと思っている。まして、「食育」といって、母親の手作りのおかずが並ぶことが推奨され、それが、無言の圧力となっている場合さえもあるのです。

料理上手は、女性の憧れ。料理上手の女性は、夫や子どもたちから愛される存在。そんな思い込みの中、女性たちは、次から次へと新たに機能的な**キッチン道具**に手を出してしまうのです。

特に、「簡単で便利、時間が短縮できる」といううたい文句の道具や家電製品は魅力的に映るもの。**フードプロセッサー**、**圧力鍋**、**無水鍋**、あるいは、**高機能なレンジ**、それに、健康のためという大義名分がさらにオマケとしてつく、**ジューサー**、**ミキサー**などなど。

当然のことながら、それらを使いこなすことは難しいもの。使われることなく、キッチンの引き出しに押し込まれたままとなり、ただでさえ限られたスペースのキッチンが使いにくいものとなります。

それでも、新たな製品が発売されると、「今度こそは」と買い込みがちなのです。

## ○洋服

「愛されたい」という願望の強い女性がため込みがちなのが、愛される自分を演出できる**洋服**です。

服は、体温調整や皮膚の保護といった用途を超えて、自己表現のアイテムとなっています。

たとえば、ボディコンシャスな服を着る人は、身体のラインを際立たせ、女性である自分を強調したいのではないでしょうか。やわらかな色の服を着る人は、やさしくソフトな雰囲気の自分を表現したいのではないでしょうか。

見る側は、相手が身につけている服によって、その人がどう見られたいと思っているかを察することができるものです。

もちろん、「〇〇な自分」を演出するために、「〇〇に見える服」を選ぶことは、悪いことではありません。しかし、無意識のうちに、同じような服ばかりを選んでしまっているとしたら……。そこには、なんらかの想いが潜んでいます。

数回にわたる私のセミナーに参加された方の中に、マニッシュな服ばかり着てくる女性がいました。この女性は40代後半。結婚をして子どもをひとりもうけ、離婚歴があります。

スカートはいっさいはかないし、服の色も黒や茶など地味な色ばかり。クローゼットの中には、ユニセックスな色やデザインの服がぎっしり。そして、それが自分にはふさわしいと思っているようです。

「どうしていつも暗い色の洋服ばかり着ているのかしら？」

そう私が尋ねたところ、

「いかにも女っぽい服って、私、選べないんです」

と言うではありませんか。

聞けば、彼女の母親は女の子ではなく男の子が欲しかったとか。母親のがっかり感は、幼い子どもにもひしひしと伝わりました。

実際に、彼女が女の子らしい服を身につけると、母親はなぜか機嫌が悪くなり、

「そんなチャラチャラした服はいけません」

と注意したそうです。

おそらく彼女の中には、「自分が男だったらもっとお母さんに愛されるかもしれない」「女の子っぽい服を着るとお母さんに嫌われる」という感覚がしみついているのでしょう。

最初は母親の目を気にして華やかな服を避けていたものの、それが日常化するうちに、次第に女性らしい服は目に入らなくなりました。フェミニンな服など自分とは無縁のモノと思い込んでしまうようになってしまったのでしょう。

この女性のように、自分の本当の想いとは別なところで、**誰かの機嫌を慮《おもんぱか》るがゆえに、ある傾向のモノを集中的に取り入れてしまうというケースは少なくありません。**

持っている服を並べてみると、自分が周りからどう見られたいのか、あるいはど

う見られることを周りから求められているかが見えてきます。

それらが好みの服であり、自分が心から欲しいと思い、手に入れた服であるなら、趣味嗜好《しこう》がそこに表れているのでしょう。

けれど、もしも「なぜ私はこんな服ばかり選ぶのだろう?」と違和感を持ったなら、それは、誰かから愛されるために、人から求められる役割を演じるために、無意識のうちに仕方なく選んだ服なのかもしれません。

そんな違和感のある服を捨てたら、人から押しつけられていた役割を同時に捨て去ることができます。**本当に好きな服を買うことで、自分の本当になりたい姿に気づく**ことができます。

ちなみに、私はマニッシュな服ばかり着ていた彼女に、女性である自分にもっと自信を持ってほしいと思ったので、まずはピンクの絹のネグリジェを着ることをすすめました。そう、まずは、誰に見せるものでもない寝間着から女性らしさを取り戻すトレーニングをするのです。女性である自分を精一杯、自分で慈しむのです。

洋服と同様、愛される自分を演出できるモノに**化粧品**があります。化粧品も女性がため込みがちなモノのひとつです。

## ○容れ物

女性の部屋やキッチンを断捨離すると、やたら出てくるのが、**密閉容器、箱、カゴの類い。**使い切れないほどの量の**容れ物**をため込み、捨てられないでいる女性を、私は数多く見てきました。

密閉容器の中に密閉容器が入り、そのまた中に密閉容器が入り……とまるで入れ子のような状態で封じ込められ、脚立を使わないと手が届かないキッチンの上の棚に押し込んである。そんな状況は、けっしてまれなケースではないのです。

こうした容れ物をため込んでしまうのは、なぜでしょうか？

女性には何かを抱え込みたい、受け入れたいという欲求が無意識にあり、それが何かを保存したい、収納したいという過剰な欲求につながっているのかもしれません。それは必ずしも実体のあるモノではなく、豊かさや誰かの心の場合もあります。もしくは、何かを所有していない、確保できない不安の裏返しなのかもしれません。

# モノをため込む3つの心理タイプ

そもそも家が片づかないのは、今の自分の空間、時間、エネルギーに対して、モノが多すぎるため。男性でも、女性でも、**片づけるには、モノを絞り込んで、過剰なモノを手放すしかないのです。**

モノが少なければ、スッキリした空間で快適に過ごせます。収納や掃除に時間を奪われることもなく、エネルギーをムダに消耗することもありません。ホコリが気になっても、障害物が少ないから、さっと掃除機をかけるだけでキレイになります。多少散らかっても、簡単にスッキリした状態に戻すことができます。

こんなことは誰もがわかること。

わかるなら実行すればいいわけですが、わかっていても、モノを手放すのは、けっして簡単なことではありません。**モノを手放すためには、そこに張りついた想**

**いも整理しなければならないからです。**

モノをため込んでしまう心理的な要因は、モノによっても、人によってもさまざまです。

セミナーなどを通じ、これまで多くの方と接してきた経験から、私はモノをため込む心理的な要因が、男女ともに、おおまかに次の3つのタイプに分けられることに気づきました。

**【モノをため込む3つの心理タイプ】**

**① 現実逃避型**
**② 過去執着型**
**③ 未来不安型**

詳しくご説明しましょう。

## ① 現実逃避型

**モノの絞り込みが億劫《おっくう》で、片づかない現実を直視しないタイプです。**

片づかない現実を見るのは、ダメな自分を見るようで辛いこと。

また、モノを絞り込むには、

「何が必要で、何が必要でないか」

「この先使うか、使わないか」

というように、自分とモノとの関係を問わなければなりません。

このプロセスが億劫なので、片づかない現実から、目を背けているのです。

とはいえ、片づかない状態に対して心のどこかでストレスを感じ、そんな自分を責めているのも事実。

だから、家にいるのが居心地悪く、何かと理由を作って外出したがるのです。

「忙しい」というのは言いわけで、家にいたくないから忙しくしているということもよくあります。

現実逃避型の人は、**何をそんなに見つめたくないのか、何から逃げたいのか、そこに向き合うことが、解決の一歩**になります。

## ②過去執着型

**モノを手に入れたときの過去に焦点を合わせ、大切な今が見えなくなっているタイプです。**

代表的な例は、「高かったから捨てられない」というもの。

こうした感情を持つ人は多いと思いますが、そもそもそのモノが高かったのはいつの話でしょう？

「高かった」のは買った時点のことであり、「今、高い」わけではありません。今もなお「高い」のであれば、売ればすむことです。

「高かった」過去に焦点を合わせているため、「今となっては価値がない」という現実に目が向けられずにいるのです。

**「せっかく買った服なのに、あまり着なかった。だから捨てるのが後ろめたい」**というのもこのタイプに含まれます。これまであまり着なかった服は、これからも着ることはないはず。手放さないでいても、着倒して元を取るような機会はけっしてめぐってはきません。

また、前述したラブレターを捨てられない女性や、ネクタイを手放せない男性のように、「昔とった免状が捨てられない」「どうでもいいような賞状が捨てられない」というのも、このタイプに属します。

過去執着型の人にとって、こうした**捨てられないモノたちは「過去の栄光」の証拠品**です。手放してしまうと、今の自分に価値がなくなってしまうかのように思ってしまうわけです。

過去から今に焦点を移し、今を充実させたら、過去にすがる必要はなくなるにもかかわらず。

## ③ 未来不安型

**「いつかそのうち使うかもしれない」と、未来の不安に備えて、漠然と曖昧《あいまい》にモノを抱え込み、ため込むタイプです。**

トイレットペーパー、ティッシュペーパー、マスク、洗剤などの日用品を、備蓄の範囲を超えて持とうとします。

特売品などを大量に買いだめするのも、このタイプの大きな特徴。「今買わないと、次は買えないかもしれない」という不安からついつい買ってしまいます。

「もしかして、そのうちまた必要となるかもしれない」

「もしかして、次は買えないかもしれない」

と思うのは、将来それらのモノを手に入れられない自分を想定しているからです。不足への恐怖、足りなくなると困るという怖れが、ひたすらモノを抱え込み、ため込む行為に駆り立てるのです。

「今あるモノ」ではなく、「今ないモノ」に焦点を当てる「ないモノ探し」は果てしなく続きます。それは、不安を無限に蓄積させているのと同じこと。

不安からため込む人は、当然手放すことにも不安を感じます。

このタイプの方は、

「モノを捨ててしまって困りませんか？」

「困ったらどうすればいいですか？」

とよく尋ねます。

そんなとき私は、こう答えるのです。

「困ってはいけませんか？」
「その困ることは、どの程度のものだと思っているのですか？」
「それって、取り返しのつかない不幸なことですか？　それって悲劇ですか？」

と。そう、ほとんどの場合、もしも困ったとしても、「しまった！」程度のことなのです。しかも、モノを捨てて困る以前に、たくさんのモノを抱えて、今現在困っているのです。

戦時中や戦後の圧倒的なモノ不足の世の中ならまだしも、モノがあふれる今の日本で、実際にモノ不足で困るということはそうそうありません。それどころか、今の私たちは、モノの過剰で病んでいるのです。

こうした未来不安型の人は、心のどこかに自信のなさや将来への不安が潜んでいて、それがストレスになっているケースがほとんどです。

さて、「現実逃避型」「過去執着型」「未来不安型」のモノをため込む3つの心理タイプは、誰の中にも混在しています。ですから、「自分はこのタイプだ！」ということではなく、現実逃避型のときもあれば未来不安型のときもある。そうした認識を持つほうが賢明かと思います。

一方、これらの心理パターンには大きな共通点があります。

それは、**どの型の場合も、モノをため込む心理のもとにあるのは「怖れ」だということ。**

現実を見たくない。過去の栄光を手放したくない。将来困りたくない。

こうした**怖れが、「執着心」を呼び起こします。**別の言い方をすれば、私たちの心の弱点が、モノをため込ませるのです。

**執着は、男であるあなたをいじましくします。**

**執着は、女であるあなたをあさましくします。**

モノのため込みと手放しで、男のいじましさと潔さが、女のあさましさと清らかさが見えてきます。

だからこそ、モノをそぎ落とせば、男性は際立ちます。モノを手放せば、女性は美しくなれるのです。

# モノをため込む
# 心理のもとにあるのは「怖れ」

# 第 2 章

# 「空間」が今のあなたを物語る

# 「家」を見れば、「心」がわかる

**身体の調子が悪いとき、心は塞ぐ。**
**身体に傷を負っているとき、心は沈む。**

「身体」はいわば、「心」の容《い》れ物。容れ物の状態が悪いと、その中に入っている心まで影響を受け、調子が悪くなってしまいます。

では、心の容れ物である身体は、どんな容れ物に入っているのでしょう？

身体の容れ物は、それを取り巻く空間、つまり私たち自身の「家」と言えるでしょう。

心が身体の影響を受けるように、身体もまた家の影響を大きく受けます。

つまり、**家の状態が整っていれば、身体の状態も整い、その身体の中に入って**

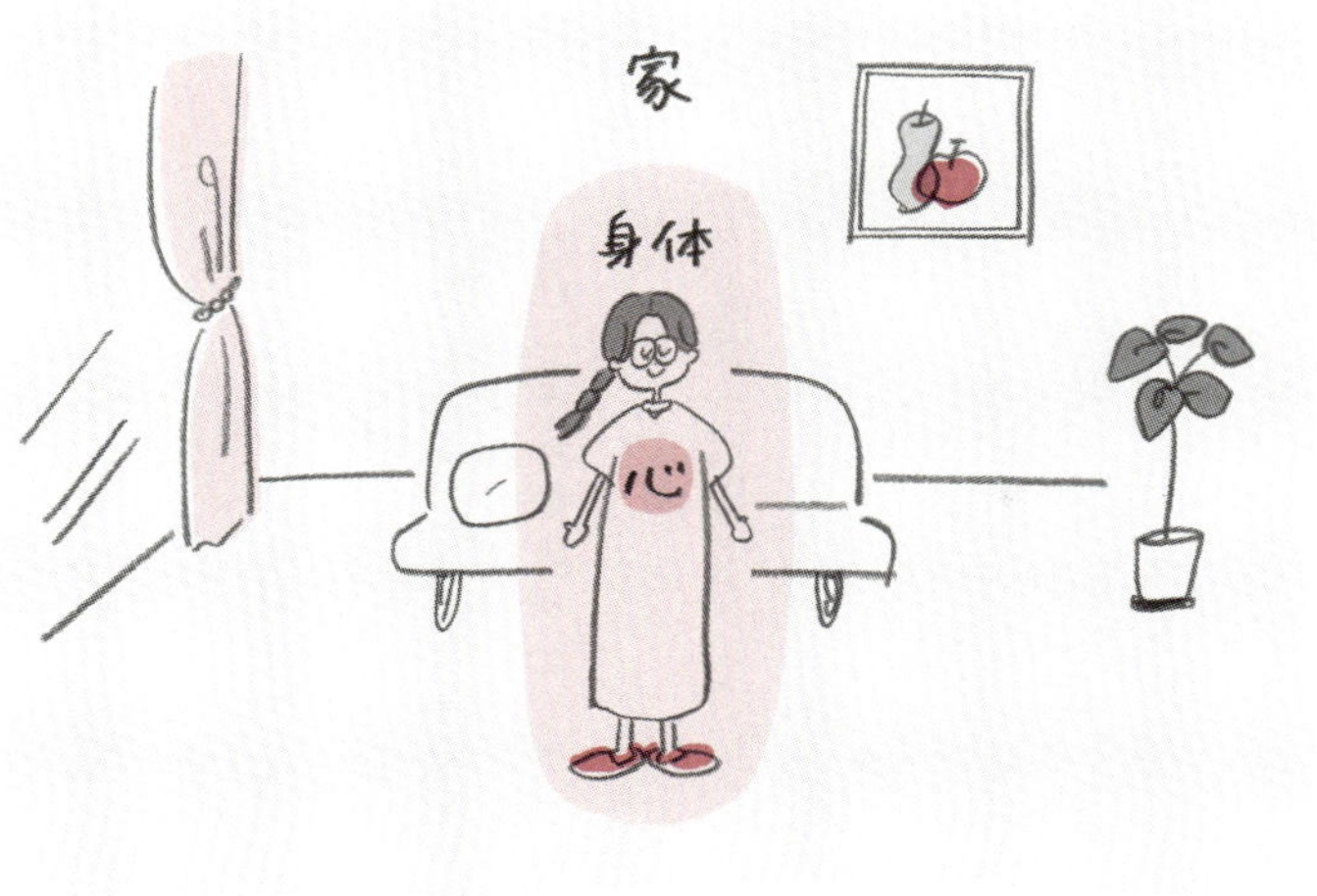


家は、身体と心に連動している。

**いる心の状態も調う。**家の状態がすさんでいれば、身体の状態もすさみ、その身体の中に入っている心の状態もすさんでしまうのです。

東洋医学には、**「部分即全体」「全体即部分」**という概念があります。

「部分はすなわち全体であり、全体はすなわち部分である」という意味です。

私はこの概念に沿って、「目に見えない心の中は、必ず目に見える部分（住まい）に表れる」と考えています。

家の状態には、心の状態が表れる。

たとえば、家の中が荒れている人は、体調が悪い、あるいはストレスがいっぱいということです。

**家を見れば、その人の心がわかるのです。**

家の中と心の中は、連動しています。それを逆手に取れば、家の中を片づけることで、心や頭の中もスッキリ片づけることができます。感情や思考も整理することができます。

形なき心を扱うよりも、形あるモノを扱うほうが、はるかに簡単です。**目に見えない心を片づけるよりも、目に見える空間を片づけるほうが、はるかにわかりやすいです。**

見える世界と見えない世界は、つながっています。

まず見える世界を整えることで、見えない世界も調えることができるのです。

# すさんだ家は、自分と家族への虐待？

私たちは自分の家に人を招くとき、部屋を片づけ、掃除をします。

それは訪ねてきてくれた人に、気持ちよく過ごしてほしいと思うから。散らかった部屋を見せたくないという見栄が多少含まれてはいても、スッキリした空間で過ごしてもらうことが「おもてなし」につながるからこそ、客人のために片づけよう、掃除をしようと思うのです。

**散らかった空間で、快適に過ごせる人はいません。乱雑な空間で、和やかな気分になる人はいません。**私たちは、それを経験から十分知っています。

ところが、自分や自分の家族に対しては、いかがでしょう？

散らかった空間に、自分を置いていませんか？　乱雑な空間に、自分の家族を住まわせていませんか？

自分だからいい、家族だから構わない。そういって、私たちはないがしろにしがちです。

モノがため込まれた空間を自らに与えることは、「自分には、物置暮らしがちょうどいい」と言い聞かせているのと同じこと。乱雑なすさんだ空間を家族に与えることは、「あなたたちには、ゴミ置き場暮らしがふさわしい」というメッセージを投げかけているのと同じこと。

そこには、「おもてなし」や「ねぎらい」の心のかけらもありません。

大げさに聞こえるかもしれませんが、**家をすさんだ状態にしておくことは、環境を通して、自分自身や家族を虐待しているようなものなのです。**

断捨離とは、環境からのアプローチ。住環境を変える行動で、身体も、心も、暮らしも変えていくことができるのです。

# 荒れたキッチンが物語ること

**家は帰る場所であり、ホッとする場所であり、心身ともにくつろげる場所。**

私はそう考えています。

けれど、世の中には自分の家が癒しの場、憩いの場になっていない人も少なからずいるようです。いえ、とても多いと言ったほうが、正確な表現でしょう。

これは、以前私が訪問したとあるキャリアウーマンさんのお宅のお話です。

結婚して、娘さんふたりをお持ちのこのキャリアウーマンさんは、念願叶《かな》って、マンションから一戸建てに引っ越しをしました。

さまざまな人が暮らす集合住宅から、自分の家族だけで暮らす庭つきの一戸建て住宅へ。彼女はその家を手に入れるために、多くのエネルギーをかけて、大きな期待を抱いて、引っ越ししてきたはずです。

ところが、私が訪問するやいなや、彼女は、

「隣の家が近くて窓が開けられないんですよ」

とグチをこぼすではありませんか。開口一番のこの言葉から、私は彼女がその家に不満を抱いていることを察知しました。

彼女は「キッチンが片づかない」というお悩みを持っていたので、私は「窓が開けられない」という問題には触れず、さっそくキッチンを見せてもらいました。

キッチンは、食べ物を扱う場所。家族の健康を守り、命を預かる場所です。また、妻であり母である彼女にとっても、当然キッチンは頻繁に立つ場所となっていることでしょう。

ピカピカに磨かれてはいなくても、食器や調理器具がいくつか出しっぱなしになってはいても、家族の命を預かる場としてしっかり機能していれば、それなりに手入れが行き届いているはずです。

しかも、彼女のお宅のキッチンは、誰かから押しつけられたり、あてがわれたりしたものではなく、夫とともに買った一戸建てのキッチンです。思い入れや愛着が

あるならば、自然と手がかけられ、整っているでしょう。多少散らかっていたとしても、食を扱う場としての活力が感じられることでしょう。

ところが、見せてもらったキッチンは、キレイとはほど遠く、すさんだ感じすらしたのです。目には見えませんが、そのキッチンの空気は、明らかによどんでいたのです。

すさんだ雰囲気のキッチンで作られた食事に、果たしてパワーがあるのだろうか？ よどんだ空気の中で作られた料理を食べて、果たして家族みんなの元気が出るのだろうか？

老婆心ながら、私はキッチンの様子を見て、彼女をはじめご家族の心身の健康を案じてしまったほどです。

そして、このキッチンの様子と最初に耳にした彼女の言葉とを合わせて、私は、彼女がこの家に落胆していることを確信したのです。

きっと彼女が夢見ていたのは、四方から光が差し込み、風通しがよく、眺めがよい庭つきの一戸建て。でも、実際手に入れたその家は、申しわけ程度に地面がくっついているだけの家。単に同じ敷地内に車が置けるだけの家。隣家と接近していて窓さえ開けられない家であり、彼女からすれば、マンションとなんら変わらない、いえむしろ、以前住んでいたマンションよりも環境がよくない一戸建てだったのでしょう。

彼女は、とてもがっかりしたに違いありません。そのがっかり感が、キッチンの荒れた状態に、ありありと反映されていたのです。

一方で、彼女は、がっかりしている自分に気づかないふりをしているようでした。並々ならぬエネルギーを投じて手に入れた家だけに、「がっかりしている」という事実を認めたくないのでしょう。

洋服ですら「高かったから」と手放せずにいる私たち。家となればなおさらです。「気に入らないから次」というわけにはいきません。だからこそ、彼女の気持ちは沈み、その心のよどみがキッチンの状態に映し出されていたのです。

「部分即全体」の概念から言えば、部分を見れば、全体がわかります。

彼女のキッチンの食器棚の状態は、まさにすさんだ彼女のお宅そのもの。相似形でもありました。

食器棚の中には、ショップのポイントを集めてもらったカフェオレボウルやパンメーカーの景品でもらったという白い食器が詰め込まれていました。食器が買えず、仕方なく「オマケ」や「景品」の食器でしのいでいるというわけではありません。

実際食器棚には、自分が購入したという品のいい食器や、友人からいただいたというキレイな食器もありました。でも、それらは棚の奥、あるいは下のほうに置かれていてホコリをかぶった状態。普段使いされていないことは、一目瞭然でした。

彼女は家に対するがっかり感から、家のメンテナンスに対して無気力になり、家の中で使うモノに対しても無関心になっていたのです。だからキッチンに手をかけることもできなければ、食器の選択に心をかけることもできなくなっていたのでしょう。

がっかり感を解消するには、家を買い替えることがいちばんなのかもしれません。でも、家は大きな買い物。よほど経済的に恵まれていない限り、気に入らないからといって、そうそう簡単に買い替えることなどできません。

けれど、**家は買い替えることができなくても、家の中の環境を変えることはできます。手をかけ、心を配れば、家は整います。**家が整えば、そこに流れる空気が変わります。家の空気が変われば、そこに身を置く人の気持ちも変わるはず。

**彼女がまずやるべきことは、家に対するがっかり感を受け入れることです。**自分が抱いている感情に見て見ぬふりをしていたら、感性はどんどん鈍っていきます。がっかりしていることを認め、それと向き合うことは、彼女にとってはとても辛いこと。しかし、徹底的にそのがっかり感と向き合うことによって、フタをしていた感情が解き放たれ、本来の感性が戻ってくるのです。

感性が戻ってくれれば、家に手をかけようという気持ちがわいてきます。感性が正常に機能し出せば、家で普段使うモノにも関心が持てるようになるのです。

そのとっかかりが、まず、**キッチンの食器棚を整え、食器を選び抜くことです。**

いずれ買い替えることになるとしても、いつか引っ越すことになるとしても、今住んでいる場所こそが、今生活している場所こそが、まさに今の自分の居場所。「仮の住まいだから」と手を抜いてしまっては、そこでの暮らしは味気ないものになってしまいます。

たとえどんな場所であっても、自分を、そして自分の家族をもてなすために、今生活しているその空間をできる限り整えたいと、私は思います。

# 「選び抜いたモノ」で自分をもてなす

毎日使うモノだから、割れても惜しくないモノを。普段使いだから、気軽に扱えるモノを。

そんな理由から、粗品でもらったマグカップや１００円ショップで買った丈夫な食器を日常的に使っている人が少なくないようです。

もちろん先にご紹介したキャリアウーマンさんと同じように、みなさん食器を買えずにやむなく景品の食器や１００円ショップの食器を使っているわけではありません。むしろ、食器棚にはマイセンのコーヒーカップや九谷焼の器、バカラのグラスといった高級食器が眠っているというケースのほうが多いくらいです。

お客様をお招きしたとき、あるいはお祝いやパーティなど特別なときに使おうと大事にしまっているのかもしれませんが、食器は使ってこそ、その価値を発揮するもの。タンスならぬ食器棚の肥やしにしていては、食器もかわいそうです。

しかも、高級食器をしまい込み、**自分に安物をあてがうことは、無意識のうちに「セルフイメージ」を下げることにつながってしまうのです。**

「高級食器を普段使いにするのはもったいない」としまい込んでおくことは、すなわち、「自分には高級食器は似合わない」「自分にはオマケの食器がふさわしい」と、毎日言い続けているのも同然。

自分にいい加減なモノをあてがえば、「いい加減に扱われる自分」というセルフイメージが刷り込まれます。安物をあてがえば、「安物がふさわしい自分」というセルフイメージが染みついてしまいます。

ないものは使いようがありませんが、**高級食器があるのなら、ぜひ食器棚から出して日常生活の中で積極的に使いたいもの。**

お客様をおもてなしするように、自分ももてなす。家族ももてなす。特別な日でなくても、普段から自分と家族をもてなすのです。

私たちはモノを通じて、もてなしの気持ちを伝えることを知っています。

これは食器に限らず、すべてのモノに言えること。洋服もしかり、日用雑貨もしかり、もちろん空間そのものもしかり。

もてなされたら、誰でも嬉《うれ》しく思います。もてなされたら、誰でも自分は大切にされていると感じます。

**モノと空間で、自分をもてなし、ねぎらう。**それは、自分への信頼と自信を取り戻していくプロセスです。

私たちは、自分や自分の家族は「もてなす必要はない」とつい思ってしまいがちです。けれど、そんなことはけっしてありません。自分だからこそ、もてなすのです。

「自分を大切にする」ことの重要性が説かれていますが、自分自身にどうでもいいモノを与えていては、自分を大切にすることにはなりません。お気に入りのモノに絞り込み、厳選したモノを自分に与えることが、日常生活の中で実践的に自分を大切にする行為です。

**「よいモノを少しだけ」、それが大人の男と女の断捨離の心得です。**

# 「住環境」が整うと、エネルギーがわいてくる

私たちは、「環境」から強い影響を受けます。

たとえば、天気という自然環境。晴れたら活動的になったり、雨だと思索的になったりと、私たちの気分は天気にずいぶんと左右されます。

たとえば、経済という社会環境。景気がよければ贅沢《ぜいたく》をしたり、景気が悪ければ節約したりと、私たちの気持ちは経済にとても左右されます。

そして、**私たちがもっとも大きな影響を受けるのが、「住環境」です。**

朝起きてから夜寝るまで、いえ、寝ている間でさえ、私たちは住環境から大きな作用を受けているのです。

だから、住環境をおろそかにしてはなりません。

よどみ、すさんだ住環境の中で、毎日の暮らしをやり過ごしていくのか。それと

も、スッキリさわやかな住環境の中で、日々の暮らしを営んでいくのか。

そこに生じる差は、時間の経過とともに大きくなるばかりです。

よどみ、すさんだ住環境の中に身を置くことは、負債を累積させながら、自らを消耗していくようなもの。逆に、**身近な住環境をスッキリと整えれば、未来の投資となるエネルギーが蓄えられていきます。**

部屋が片づき、住環境が整えば、心地よくなることを私たちは経験的に知っています。部屋のモノが少なくなり、住環境がスッキリすれば、気持ちまで清々《すがすが》しくなることを、私たちは感覚的に理解しています。

けれど、逆に、今の自分の気持ちのイライラはモノが多すぎるせいだとは、気づいていているようで、実のところは気づかないもの。モノを納めて片づけたつもりになってはいるけれど、その収納家具でかえって部屋を狭くしていることにも、なかなか気づかないものなのです。

人は食べ物を食べ、それを消化吸収し、エネルギーとして使い、身体に不要となったモノを排泄物《はいせつぶつ》として出します。モノも同じことです。取り込み、自分なりに活用し、いらなくなったら、それは実質的には排泄物なのです。

**いらなくなったモノを放置しておくのは、排泄物を放置しているのとなんら変わりはないのです。**

排泄物が散乱した空間で過ごしたいとは、誰も思わないはず。排泄物を保管するために、わざわざ収納スペースを設けようとは、誰も思わないはずです。

ため込んだ不要なモノを取り除いていくと、スペースが広がり、空気の流れがよくなります。空気が循環するようになると、空気の色まで違ってきます。キレイな空気を身体の中に深く取り込めば、体調が整い、開放的な気分になります。

そう、断捨離とは、「不健康空間」を「健康空間」へ、「窒息空間」を「呼吸空間」へ、「閉塞空間」を「開放空間」へ入れ替えていくことなのです。

空間が変わり、住環境が整うと、私たちの人生は自ずと発展的に変わっていく。

私はそう考えています。

# 「収納スペース」があればあるほど、モノがたまる？

新聞に折り込まれてくるチラシの中に、マンションや戸建て住宅の広告がよく入っています。断捨離は片づけを住環境からとらえているので、私はこうした広告にはつい目がいってしまいます。

間取り、広さ、ロケーションなど、物件のアピールポイントはいくつかありますが、気になるのは「収納スペースの広さ」をうたっている物件が多くあること。

モノがあふれるこの時代、大量のモノを所有できるようにと、収納スペースが重宝され、拡大していく傾向にあるのでしょう。

けれど、大容量の収納スペースがあれば、果たして家はスッキリ片づくのか？

収納スペースが、片づけの悩みをすべて解消してくれるのか？

残念ながら、その答えは、「いいえ」でしかありません。

**収納スペースが広く大きいほど、モノは増えていきます。**

収納スペースがあると、取捨選択する必要がないため、取捨選択のセンサーが次第に鈍っていきます。取捨選択しなければ、モノはたまっていく一方です。広かったはずの収納スペースは、やがて手狭になり、そこからはみ出したモノが住空間を覆っていくのです。

バックパッカーだったというご夫婦が、私のセミナーに参加されたことがあります。おふたりはそれぞれリュックを背負い、4年間海外を旅していたとのこと。寒いときもあれば暑いときもあったでしょう。雨の日もあれば、風の強い日もあり、日差しが照りつける日もあったでしょう。

でも、おふたりは各々リュックひとつで、4年間過ごしてきたのです。リュックの容量は決まっているし、背負える重量にも限度があります。そうした制限の中で、おふたりは必要なものを厳選し、なおかつ、その時その場で必要に応じて入れ替えてきたのです。

ところが、4年間の放浪生活を終え、家を構えて定住生活になると、モノとの関係は一変。たちまち住まいに、モノがたまり込んでいったのです。まるで、リュックひとつという厳しい制限が外れて、振り子が大きく反対に振れたかのように。

そうです、私たちは本能的にモノを取っておきたいもの。どこまでも保存保管しておきたいもの。だから、収納空間があればあるほど、無自覚無意識にモノをため込み、収拾がつかなくなってしまうのです。

片づかないのは、収納スペースの広さの問題ではありません。**モノに「総量規制」をかけず、取捨選択をしないから片づかないのです。**

だからなのか、物件の広告にデカデカと記されている「大容量の収納スペースを確保！」といったキャッチフレーズを見ると、私は「ああ、大容量のゴミ捨て場を確保しているんだ」とつい苦笑してしまうのです。

## 「お財布」にお金が入ってこない理由

突然ですが、あなたの「お財布」、パンパンに膨れ上がっていませんか？

レシートや領収書、病院の診察券、ポイントカード、お店のクーポン券に、割引券……。年に数度しか使わない図書館の貸し出しカードも眠っていたり、銀行のキャッシュカードやクレジットカードが何枚も出てきたり。

これでは、いざ使おうと思ってもなかなか見つからないですよね。お店でレジの渋滞の大元になってしまい、あせった経験もあるかもしれません。

小さいながら、お財布にはお金以外のさまざまなモノが入っているものです。

**お財布は、お金の家です。**

私たちはモノであふれ返った家にいると、気が滅入ってしまいます。家にいても安らげないため、無理やり用事を作って外出したり、寄り道してなかなか家に帰らなかったりと、無意識のうちに家を遠ざけてしまいます。逆に、家の中が心地いい空間であれば、早く家に帰りたいと思うものです。

それは、お金に関しても同じこと。パンパンのお財布では、お金も居心地が悪いはず。居心地が悪ければ、長くいたいと思わないでしょうし、帰りたいとは思わないでしょう。

「お金にそんな意思などない」と言われれば、その通りです。

けれど、お金を使い、お財布を所有し、扱っている私たちには意思があります。

**お財布には、私たちが「お金を大事にしているかどうか」が表れているのです。**

お金に固執した生き方はしたくない。私もそう思っています。お金に対しても自由自在な私でいたい。逆説的に聞こえるかもしれませんが、だからこそ、お金を大事に扱う必要があるのです。

お財布に来てくれたお金は、自分の家を訪れてくれた大事なお客様。お財布から出ていくお金に感謝することは、大事なお客様をお見送りすることです。

家の中から、ゴミ・ガラクタをなくせば、新しいモノが入ってくる空間ができます。モノの循環がよくなり、そこに住む人の心と身体が健康になります。

同様に、**お金の家であるお財布がキレイになれば、そこに流れが生まれ、お金の循環もきっと活発になるはず。**そうなれば、お金にむやみに固執することもなくなりそうですよね。

病院の診察券は、病院に行くときだけにする。クレジットカードは、メインで使っている1枚だけにする。ポイントカードはもらわない。そうすれば、ずいぶんお財布の中がスッキリするもの。

お店で発行しているポイントカードを何十枚と持ち歩いている人がいますが、ためるポイントにはいったいどんな魅力があるのでしょう？

たしかにポイントをためると、景品がもらえたり、買い物が割引になったりなど、それなりの特典があります。とはいえ、実際のところ、ポイントをためるとどうなるかわからないまま、ポイントをためている人も多いようです。

どういう特典があるのかも知らないままポイントをため続け、ときにはポイントのために必要以上の買い物をすることもあります。少し大げさに言うと、ポイントに縛られた生活を送っているのかもしれません。

しかも、ポイントをためてもらえるモノは、しょせん景品。
その景品は、本当に欲しいモノですか？　ぜひとも必要なモノですか？　お気に入りの仲間入りをしそうですか？　そして、「景品をあてがわれる自分」でいいのでしょうか？　自分が欲しいモノ、自分が心地いいモノだけを取り入れる生活のほうがいいと思いませんか？

**小さな財布の中には、家と同じように、実は自分が今まで気づかなかった想《おも》いがたくさん詰まっています。**

お財布の中に、その男性のいじましさや、その女性のあさましさが表れているのです。「トクをしたい」「ソンをしたくない」とため込んだポイントカードや割引券、あるいはこれみよがしに光る上のランクのクレジットカードなど……、お財布の中の状態が、その人を物語るのです。

財布という空間と向き合い、そこにため込まれた不要なモノと向き合うことは、自分の価値観を問い直すことでもあります。

**「財布の断捨離」は、今すぐにでも始められます。**なかなか家の中を片づけられないならば、まず、お財布の中からスタートするのがとても有効です。

# 男の空間
# あなたはデキる男か？

空間をどう使っているか、どういう状態にしているかを見ると、その人がどういう人であるかがわかります。同じ条件の空間でも、人によってその空間の使い方は異なり、空間の状態も変わってくるのです。

たとえば、オフィスの机。整理整頓され、必要なモノ以外何もないデスクもあれば、「いったいどこで仕事をするの？」と言いたくなるくらい書類や資料が積み上がったデスクもあるのではないでしょうか？

男性の場合、その人の机を見れば、仕事がデキるかデキないかが、かなりの精度で診断できます。

**ズバリ、デキる男の机は、スッキリ片づいています。**

机の上や下、引き出しの中のモノが絞り込まれているということは、**「取捨選択**

**力」「決断力」があるということの表れ**です。頭の中もスッキリと片づいているから、動きにもムダがなく、新たに仕事を振られても、段取りよく仕事にとりかかることができるでしょう。

一方、机が乱れているということは、頭の中が散らかり、混乱しているということ。机が片づいていない人は、往々にして、話が長く、考えをまとめるのにも時間がかかります。

仕事は、常に「選択・決断」の繰り返しです。机というわずかなスペースでさえ、「残す選択」「捨てる決断」ができないようでは、さまざまな事象、人、モノが複雑に絡み合うプロジェクトなど、仕切れるはずがありません。

たまに、常に机の上をぐちゃぐちゃに散らかしたままにしておくことで、「オレは多くの仕事を抱え、忙しいんだ」というアピールをしている人がいます。

たしかに、作業をする過程で、いろいろな資料で机の上がいっぱいになってしまうことはあるでしょう。でも、それは一時的なことです。作業が終われば、多くの資料を机の上に広げたままにしておく必要はありません。

だいたい、机の上が散らかったまま仕事をするのでは、何がどこにあるのか把握できず、効率が悪いこと、このうえありません。集中の邪魔にもなるでしょう。机の上を散らかしておくのは、処理能力の低さ、決断力の低さをアピールしているようなものなのです。

もっとも、仕事を振られたくないために、意図的に机の上を散らかし、忙しいふりをしているという知能犯もいるかもしれませんが……。

机の上に積み上げられた書類、引き出しの中にしまい込まれた書類からは、その人の仕事に対する姿勢も垣間見えます。

かつて私のセミナーに参加したある男性は、「書類が捨てられない」と悩んでいました。上司が「あの書類を出してくれ」と言ったときに困らないよう、何年ぶんもの書類を引き出しにしまい込んでいるというのです。

私は、その男性に聞きました。

「あなたは、上司の要望にこたえてどんな書類でもサッと出せることが、仕事がデキることだと思っているのですか？」

と。彼は少し考えてから、

「そういうことになりますね」

と答えました。私はさらに、こう続けました。

「では、あなたの仕事は、上司の要望にこたえてすぐさま書類を出すことなのですか？　何年も前の書類を抱え込んでいるということは、あなた自身が自分の仕事は上司の書類探しだととらえていることになりますね」

すると、彼は慌てて答えたのです。

「いや、書類探しは私の仕事ではありません。書類は捨てます」

上司のごきげんをうかがうことも、ある意味、仕事の一部になるのでしょう。しかし、それに気を取られるがあまり、本来の自分の仕事を見失っては本末転倒です。

責任を取って、決断する覚悟がない男性の机は、モノであふれています。

**男は、「美学」を持つことが大切です。**何に焦点を合わせ、どう取り組むのか。自分がやるべきことを明確にし、物事を的確に判断できるよう、身の回りの散らかったモノを片づけ、頭をクリアにしておきたいものですね。

一般的に片づけは家事というイメージが強いようですが、仕事にも深く関わっているのです。

# 女の空間
# あなたはキレイな女か？

女性が家事をこなし、男性が社会に出て働くという構図は、もはや崩れつつあります。今や多くの女性が男性に伍《ご》して仕事をバリバリこなし、きっちり結果を出しています。

そんなキャリアのある女性なら、当然オフィスの机の上をキレイに片づけているでしょうし、ご自身の家もきっとスッキリ片づいているはず……。私はそう思っていました。

けれど意外なことに、社会的地位が高く、仕事上で大いに能力を発揮している女性の部屋が荒れていることがよくあります。そう、それはけっして、珍しいことではないのです。

社会的地位があるということは、「判断力」もあり、「決断力」もあるということでしょう。しかも男性と肩を並べて働いている彼女たちの場合、それらの能力は、かなり優れているということになります。

的確な判断力と適切な決断力があれば、モノの取捨選択も迷いなくでき、片づけに苦労することなどなさそうです。

それなのに、彼女たちは、いったいどこが片づけられないと悩んでいるのでしょう？　彼女たちは、いったい、どこにモノをあふれさせているのでしょう？

**彼女たちが片づけられない場所は、「家」です。**

最近、老齢になった親の住まいの片づけが問題になっていますが、彼女たちの場合は、親の家を問題にする以前に、自分の家の片づけに苦慮しているのです。しかも、食器棚やクローゼットといった特定の場所ではなく、家中が片づけられない悩みの対象となっているのです。

なぜ、自分の家なのか？　しかも、なぜ家中なのか？

それは、彼女たちの意識が家に向いていないからです。仕事の場である会社にばかり意識が向き、生活の場である家には気が回らなくなっているのです。

仕事の世界は、まだまだ男性の身体性に合わせた構造になっていることがほとんどです。女性の身体性に合わせた仕様にはなっていないのです。

だから、男性と伍して働き、成果を出していくには、自身の身体に大きな負担を強いることになります。疲れの度合い、消耗の度合いは気づかないレベルで高くなっています。その結果、当然のことながら、家では倒れ込むように身体を横たえるのがせいぜい。家の片づけがなおざりになるのも、仕方のないことなのです。

また、経済力があるばかりに、「頑張っている自分へのご褒美」と称してモノを買いまくることもあります。買い物行動は、ストレス発散の手軽なツールでもあるからです。

そうやって、モノが増えます。しかも、使いもしないモノ、必要のないモノたちが。受け入れるべきモノ、せき止めるべきモノが選択できず、家の中にモノが散乱してしまうのです。「感性」が鈍ってしまっていると言ってもいいでしょう。

社会的には評価されているにもかかわらず、住まいである家の中は、誰にも見せられないほど悲惨な状態になっている。もしも家の状態を誰かに見られたら、外での評価は一気に下がってしまう……。

散らかった家で過ごすことの居心地の悪さに加え、彼女たちはそんな怖《おそ》れも抱えているようです。会社と家とのアンバランスな状態の中で、彼女たちは、自己肯定感を得られず、苦しんでいるのです。

そんな彼女たちに、私はまず、

「自分の居場所のことすら顧みずに、頑張って仕事をしてきたのですね」

とねぎらいの言葉をかけます。そして、

「仕事するのもあなた。家で過ごすのもあなた。どちらも同じあなた自身ですよね」

と話します。


家は、単に寝るための場所ではなく、自分自身をねぎらい、もてなす場所でもあります。散らかった家に自分を住まわせることは、自分自身を貶《おとし》めること。いくらブランド物の服で着飾っても、乱れた家に住んでいては、心は満たされません。

こうしたことに気づくと、彼女たちは堰《せき》を切ったように捨て始めます。捨てて、捨てて、捨てまくり、捨てまくったあげくに、中にはまたドンと買ってしまうという人もいます。

ドンと買ったら「元の木阿弥《もくあみ》」と思われるかもしれませんが、私はそれでも構わないと思います。なぜなら、捨てることだけが断捨離の目的ではないから。

大事なのは、堆積させないこと。そして、感性を取り戻し、スッキリした空間で快適に過ごすことです。

**新たに買ったモノをごきげんな気分で使い、使わなくなったら手放す。**

この循環、新陳代謝ができていれば、新たに買っても、モノがたまりすぎて空間がよどむことはないのです。

**女は、「美意識」を持つことが大切です。**感性を磨き、ごきげんな気分で暮らしてこそ、本当にキレイで、素敵な大人の女になれるのです。

第 3 章

# 断捨離とは「引き算」の解決法

## 「足し算」から「引き算」へ

モノを捨てることなく、さらにモノを足していけば、モノに埋もれてしまう。これは自明の理。けれど、これがわかっているようでわかっていない私たち。

かつては、モノが不足していたために、「足し算」をすることが豊かさでした。私たちが生きる現代社会は、足し算によって築かれ、成り立ってきたのです。

しかし、今や大量にモノがあふれている時代です。足りないモノなどほとんどなく、足りているところにさらに足し算をして、過剰になっているというのが現状です。

豊かさを求めて足し算を繰り返してきた結果、**男は、抱え込んで「決断力」を弱らせています。女は、ため込んで「感性」を鈍らせています。**

私たちは大量のモノに囲まれて自らを失い、空間も時間もエネルギーも、モノに吸い取られ、乗っ取られ、「ゆとり」まで失っているのです。

では、モノに埋もれ、自らを失う環境を改善するにはどうすればいいか？

答えはいたってシンプルです。

**「足し算」することをやめて、「引き算」をすればいいのです。**

第1章でお話ししたように、断捨離のもとになっているのは、ヨガの断行《だんぎょう》、捨行《しゃぎょう》、離行《りぎょう》という実践哲学。「断」も「捨」も「離」も、漢字自体をよく見てみるとおわかりのように、すべて引き算の言葉です。

**モノを断ち、モノを捨て、モノから離れる。**

**引き算の視点を持ち、引き算の思考をし、引き算の行動を実践する。**

それによって、自らを取り戻し、「心にゆとり」を持って、より快適に生きようというのが、断捨離なのです。

引き算というと、文字通りマイナスのイメージを持たれるかもしれません。けれど、引き算をしていくことによって、入れ替わりに入ってくるものがあります。

それは、モノに占領されていた空間、モノの管理に費やしていた時間、モノの片づけに奪われていたエネルギーです。

つまり、「空間のゆとり」「時間のゆとり」「エネルギーのゆとり」が生まれるのです。空間、時間、エネルギーのゆとりが生まれれば、そこから**「気持ちのゆとり」が生まれ、決断力と感性を取り戻すことができるのです。**

## 「モノが主役」で生活している私たち

モノを捨てれば、ゆとりが手に入る。そうわかっていても、なぜか、私たちは、なかなか捨てられません。

それは、判断基準に大きな問題があるからなのです。


ここで、私のセミナーに参加してくださったご夫婦のお話をしましょう。

このご夫婦は、ちょうど新しい家の購入計画中でした。モノがあふれる手狭な今の住まいから、もっと大きい家に引っ越したいと考えていたのです。

それで、週末はモデルハウス巡り。最近の住宅は、収納スペースが充実していて、それはそれは魅力的です。

しかし、セミナーを受けたことで、自分や家族のためではなく、モノのために家を買おうとしていることに気がついたのです。

「家が小さいのではなく、モノが多すぎるのだ」

と。つまり、どうでもいい、しょうもないモノたちに、自分たち夫婦の住空間を奪われているのだと悟ったのです。


このご夫婦のように、**「モノが主役」になっている方は本当に多いもの。**

モノを使う主体は、私たちであるはず。それなのに、「使えるから」「もったいない」とモノをため込んでいるうちに、いつしか関係が逆転し、自分たちの空間がモノに占拠され、気持ちまで支配されてしまうわけです。

「あなたは物置暮らしがふさわしい人生なのか？　ゴミ置き場暮らしがふさわしい人生なのか？」

セミナーなどでこう問うと、ほとんどの方が、もう着もしない洋服がギチギチに詰まったタンスの谷間で、窮屈に暮らしていることに気づきます。あるいは、二度と目を通すことのない本や雑誌の谷間で、息をしていたことにも気づきます。モノにとって代わられた住まい。モノに主役の座を明け渡した自分。

今は、品質のよいモノ、長持ちするモノであふれています。タダのモノも住まいになだれ込んできます。自ら意識して手放さなければ、どんどんため込むことになってしまいます。このご夫婦のようにモノのために引っ越しを考えることになるのです。それは、わざわざローンという借金を組んでまで、「物置」あるいは「ゴミ置き場」を拡張するのと同じこと。

お金も空間も、家探しに使う時間も、とても「もったいない」ことだと思いませんか？

こうした事態を防ぐうえで重要なことは、**「もったいない」「まだ使える」といった「モノを主役にした考え方」を放棄することです。**

**モノを絞り込めば、絞り込まれた男になります。**
**モノを選び抜けば、選び抜かれた女になります。**

過剰なモノを手放し、スッキリと生きるための原則は、「モノを主役にしない」ということなのです。

# もったいないは、もったいない

モノを大事にする「もったいない」の精神。もったいないは、日本人の美徳であり、圧倒的な正義です。

もったいないという価値観を持っているのは誇らしいことではありますが、この言葉のとらえ方を間違えると、それこそ、もっともったいない状況に追い込まれてしまうことがあります。

「もったいない」には、2つの意味があります。

まずひとつは、そのモノを愛《いと》おしく大切に思う気持ちから生まれる「もったいない」。もうひとつは、使えるモノなのにその役目を発揮していない状態に対して感じる「もったいない」。

2つめの「もったいない」には、自分がそのモノを活かすことができないという

「後ろめたさ」が深く関わっています。

使われていないことに対して、もったいないと思うのであれば、使えばいいだけのこと。けれど、結局使いもせず、捨ててしまうのはなお後ろめたいので、「もったいない」という正義の言葉を持ち出して、捨てない自分を正当化しているのです。

**「捨てる」という行為は、たしかに心が痛みます。**思いっきり後ろめたい気持ちを味わうことになります。「もったいない」という言葉を持ち出して、捨てないでいることの正当性を自分に言い聞かせるほうが、ずっとラクでいられます。

けれど、後ろめたさを回避するために、**使われていないモノを抱え込み続けることは、ゴミ・ガラクタを大事にとっておくのとなんら変わりません。**

どんなに高価なモノであっても、どんなに希少なモノであっても、使われずにただ存在するだけのモノ、存在すら忘れられているモノは、ゴミやガラクタと同じです。目に入った瞬間だけ「高価なモノ」「希少なモノ」と認識されても、その実態はゴミ・ガラクタとなんら変わりないのです。

要は、ゴミ処分場に棄《す》てるのか、自宅の押し入れやクローゼットに棄てるのか、その違いだけ。

ゴミに囲まれた環境の中で、快適に暮らせる人はどこにもいません。大量のゴミを所有することに、幸せを感じる人はどこにもいません。

それなのに、私たちは、「まだ使えるのに、捨てるなんてもったいない」と懸命に頑張り、ヘトヘトになっているのです。

**使いもしないゴミ・ガラクタのために、私たちの空間、時間、エネルギーを消費していくほうが、どんなにかもったいないと思いませんか？**

# 「モノ」に奪われているもの

「もったいない」の言葉のとらえ方を間違ったために、空間を占有され、時間を消費し、エネルギーを消耗しがちなのが私たちです。

使いもしないモノをとっておくことで、心のゆとりまで奪われ、「狭い」「忙しい」「疲れた」を言い続ける人生になるとしたら、それこそもったいないこと。

私たちは、モノがたくさんあると、決定回避・現状維持を繰り返しがちです。

たとえば、居酒屋のメニュー。さまざまなメニューが数多く並んでいます。すると、私たちは、とりあえず「店長のオススメ」や「人気ナンバーワンメニュー」を選んでしまい、「これが食べたい！」とはならないのです。

ところが、松・竹・梅の3つしかコースがなかったら、自分で「梅」だの「竹」

だのと選ぶのです。

つまり、**モノを抱え込み、ため込んでいると、決定回避・現状維持のまま、人生が埋もれていってしまうのです。**

**人生の目的は、「モノの片づけ」ではありません。片づけは人生をより快適に、ごきげんな気分で過ごすための手段にすぎません。**

自分の人生にとって、いったい何がもったいないことなのか？

改めてこう問いかけてみると、「収納」という名のもとに、保管、保存、放置されているモノの見え方が、これまでとはおそらく違ってくることでしょう。

# 「捨てられない」モノはない！

よく「捨てられない」と言う人がいます。

「捨てられない」と思うのは、「捨てたい」という気持ちよりも、「捨てたくない」という気持ちのほうが勝っているから。頭では「捨てるべき」と思っていても、心が「捨てたくない」と思っていて、二項対立が起こっているわけです。

そんなときは、**強引に捨てようとするのではなく、「捨てたくない」という心の声に耳を傾けてみましょう。**

私たちの心というのは、とても厄介なもの。どうにもならないことであっても、胸のうちを誰かに聞いてもらうだけでスッキリすることはよくありますよね。「捨てたくない」という言いぶんをしっかり受け止めれば、かたくなになっていた気持ちが溶けてほぐれていくのです。

捨てたくないのなら、無理をして捨てる必要はありません。今は捨てずに、気持ちの踏ん切りがつくまで待ってみてもいいでしょう。

あるいは、捨てたくない理由がわかったら、「捨てたくない」とこだわっていた自分がばかばかしくなり、「捨ててもいいか」と思えるようになるかもしれません。

いずれにしても、「捨てられない」と自分を責めることはありません。そもそも、断捨離は能力ではなく、高度なスキルなのです。

また、断捨離はガマン比べではありません。モノが少ないことを競うものでもありません。**断捨離はモノを手放すことで、スッキリごきげんに暮らすための手段。**

捨てる際に、痛みは伴うけれど、基本的に愉《たの》しいものであり、爽快感が伴うものです。

**「捨てられない」モノなどありません。捨てるか、捨てないかです。**

それを決めるのは、自分自身。捨てるも捨てないも、あなたが自由に決めればいいのです。

## 重要軸は「私」、時間軸は「今」

モノは、私たち自身が主体となって使いこなすときにこそ、私たちの生活を豊かにし、私たちを幸せにしてくれるのです。

では、何を基準に、モノを絞り込めばいいのでしょうか？

断捨離には、モノを絞り込む際の２つの基準があります。

**［モノを絞り込む2大基準］**

**① 重要軸は「私」**

**② 時間軸は「今」**

この2つの基準について、ご説明しましょう。

## ① 重要軸は「私」

家はそこに住まう人のためにあるはずなのに、いつしか人ではなく、モノが主役となっている。こうしたことが無自覚に行われているのが、私たちの日常です。

モノを軸にし、モノに焦点を当てている限り、モノを手放すことはできません。モノは増え続け、住まいの中で、次第にモノが幅を利かせるようになります。なぜなら、たいていのモノは、私たちより寿命が長いから。

だからこそ、「私」を基準にモノを絞り込むことが大切なのです。

**重要軸は、「私」。私とモノの関係が、生きて機能しているかどうかです。**

どういうモノであるか、どういう状態にあるモノなのかではなく、**私が使うかどうか、私にとって心地よいかどうか。**

つまり、自分とモノとの関係が生きて機能しているのか、機能不全に陥っていないのかを思考、洞察していくことです。

たとえば、もう必要ないけれど、「人からもらったモノ」だから捨てられない。

実は好きではないけれど、「高価なブランド品」なのでもったいなくて処分できない。

これが、「私」ではなく、「モノ」に焦点を合わせた結果です。

「使えるモノ」であっても、「私が使わない」のであればそれを所有する意味はありません。「高いモノ」であっても、「私が好きでない」のであればそれに価値はありません。

誰からもらったモノであっても、どんな高価なモノであっても、必要のないモノ、自分が好きでもないモノに囲まれているということは、そのモノに支配されているのと同じ。好きでもないモノは、知らず知らずのうちに、私たちの心にストレスを与える「ノイズ」の発生源と化しているのです。

商品として価値があるモノでも、自分にとって価値がなければ、終わった関係であり、「いらないモノ」です。**断捨離では、「自分と関係が結べていないモノ」をゴミ・ガラクタと考えます。**

主役はモノではなく、あくまで私たち自身なのです。

## ② 時間軸は「今」

**人は、使えるモノを捨てることに、罪悪感を覚えます。**

その罪悪感、後ろめたさから逃れるために、私たちは「もったいない」というキラーワードに、「いつか」「そのうち」といった先送りワードをプラスして、「今使わなくても、『いつか』『そのうち』使うかもしれない」「今は必要ないけど、『いつか』『そのうち』必要になるかもしれない」と、手放すこと、捨てることを回避しようとするのです。

しかし、**ほとんどの場合、今使われていないモノが「いつか」使われるようになることはありません。**今必要ないモノが、「そのうち」必要になることもありません。

**モノを絞り込む際の重要な基準は、「今」。時間軸を「今」に合わせるのです。**

「いつか」「そのうち」のためにモノをしまい込んでおいても、その「いつか」「そのうち」が来たときに、しまった場所を覚えているかどうかもわかりません。いえ、しまったことすら忘れてしまうものなのです。

「いつか」使いたくなったら、そのときに考えればいいのです。「そのうち」必要になったら、そのとき、どうにかすればいいのです。

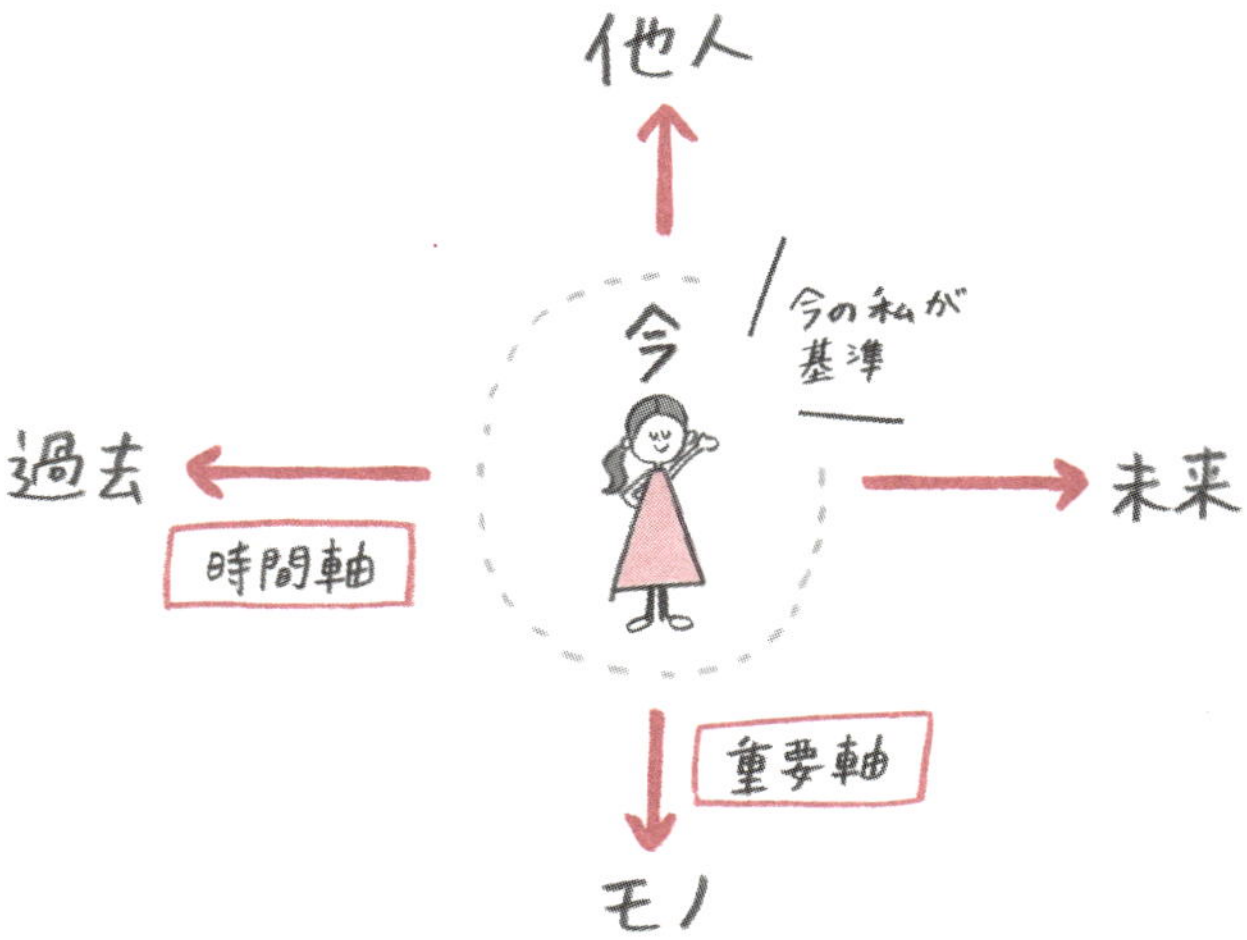


重要軸は「今」、時間軸は「私」。
「今の私」を基準にしてモノを絞り込む。

**重要軸は「私」**
**時間軸は「今」**

これが、断捨離の鉄則です。男性でも、女性でも、この基準は同じです。

**「今の私」を基準に、モノと自分との関係を再考、再構築する。**

すると、考えるまでもなく、「使う予定がまったく見出せなかった」ということもありますし、そもそも、「もう使えないモノだった」ということも、少なからず経験することになるのです。

# 「いつか」「そのうち」は禁句

実は私も、「いつか」「そのうち」という先送りワードに惑わされた滑稽な自分に苦笑することがあります。

それは、昔むかしの購入した英会話の教材にまつわるエピソード。

「英語ができたらいいな」という思いから、私は大枚をはたいてその教材を購入しました。だいぶ昔のことなので、それは今や懐かしいカセットテープでした。

購入した当初は、そのカセットテープをせっせと聴いていました。しかし、残念ながら、私はマメに学習を続けるタイプではなかったのです。次第にその英語教材の出番は減り、いつしか部屋の隅でホコリをかぶるようになりました。

私にとって、その英会話のカセットテープは「ダメな自分」の証拠品。あると目障りで、鬱陶しいモノ。

その一方で、「高かったから」「もったいない」という気持ちから、処分することにも後ろめたさがつきまといます。

私は、

「『いつか』時間ができたら、勉強したくなるかもしれない」

「『そのうち』やる気が出るかもしれない」

とお決まりの先送りワードで自分自身に言いわけをし、その教材を押し入れにしまい込んでしまったのです。

もちろん、ある日突然、英語の勉強が無性にしたくなることは一度もなく、押し入れにしまい込んだカセットテープが日の目を見ることはありませんでした。

そして年月は流れ、その英語教材があったことさえ忘れてしまったある日のこと、私は押し入れの奥深くで眠っていた大量のテキストとカセットテープを発見したのです。

時代はめぐり、もはやカセットデッキは自宅から姿を消していました。再生するデッキがなければ、どんなに望んでもカセットテープを聴くことはできません。先送りする間に、そのモノ自体が時代からはずれてしまっていたのです。

これではさすがに、捨てるしかありません。

捨てる理由ができてホッとした反面、捨てる大義名分が見つかるまで教材をずっとしまい込んできた自分が、何ともいじましく思えました。

捨てる段になり、ようやく私は勉強しない自分を隠蔽するために、その教材を押し入れにしまい込んできたことに気づいたのです。

無意識のうちとはいえ、何かを隠蔽し続けるというのは、かなりのエネルギーが必要です。エネルギーをムダに漏らせて、消耗していると思ったほうがいいでしょう。もちろん、それなりにスペースだって占めています。

**「いつか」「そのうち」と先送りするのは、結局はエネルギーのロスであり、スペースのムダづかいなのです。**

## 「要・適・快」で、モノを絞り込む

断捨離で、モノを絞り込む際の２大基準は、「今の私」。絶対にここからブレないことが大切です。

「今の私」を物差しに、次の３つを問う形で、モノを絞り込んでいきましょう。

**【モノを絞り込む３つのステップ】**

**① 必要なのか、不要なのか（要・不要）**

**② ふさわしいのか、ふさわしくないのか（適・不適）**

**② 心地よいと感じるのか、感じないのか（快・不快）**

この際のポイントは、**いきなり「要・適・快」を選ぼうとするのではなく、「不要・不適・不快」を順に取り除く形で、自分とモノとの関係を問うこと。**

すなわち、まず、今の私が「使わないモノ（不要）」を取り除く。次に、「ふさわしくないモノ（不適）」を取り除く。そして、最後に、「好きでないモノ（不快）」を取り除く。

**この3つのステップで、今の私にとって「必要なモノ」「ふさわしいモノ」「心地よいモノ」、つまり「要・適・快」のモノを絞り込むことができるのです。**

モノの「要・適・快」を常に考える習慣を持ちましょう。これが身につくと、「もったいないから捨てられない」という呪縛からも、解き放たれます。

## モノを絞り込む３つのステップ

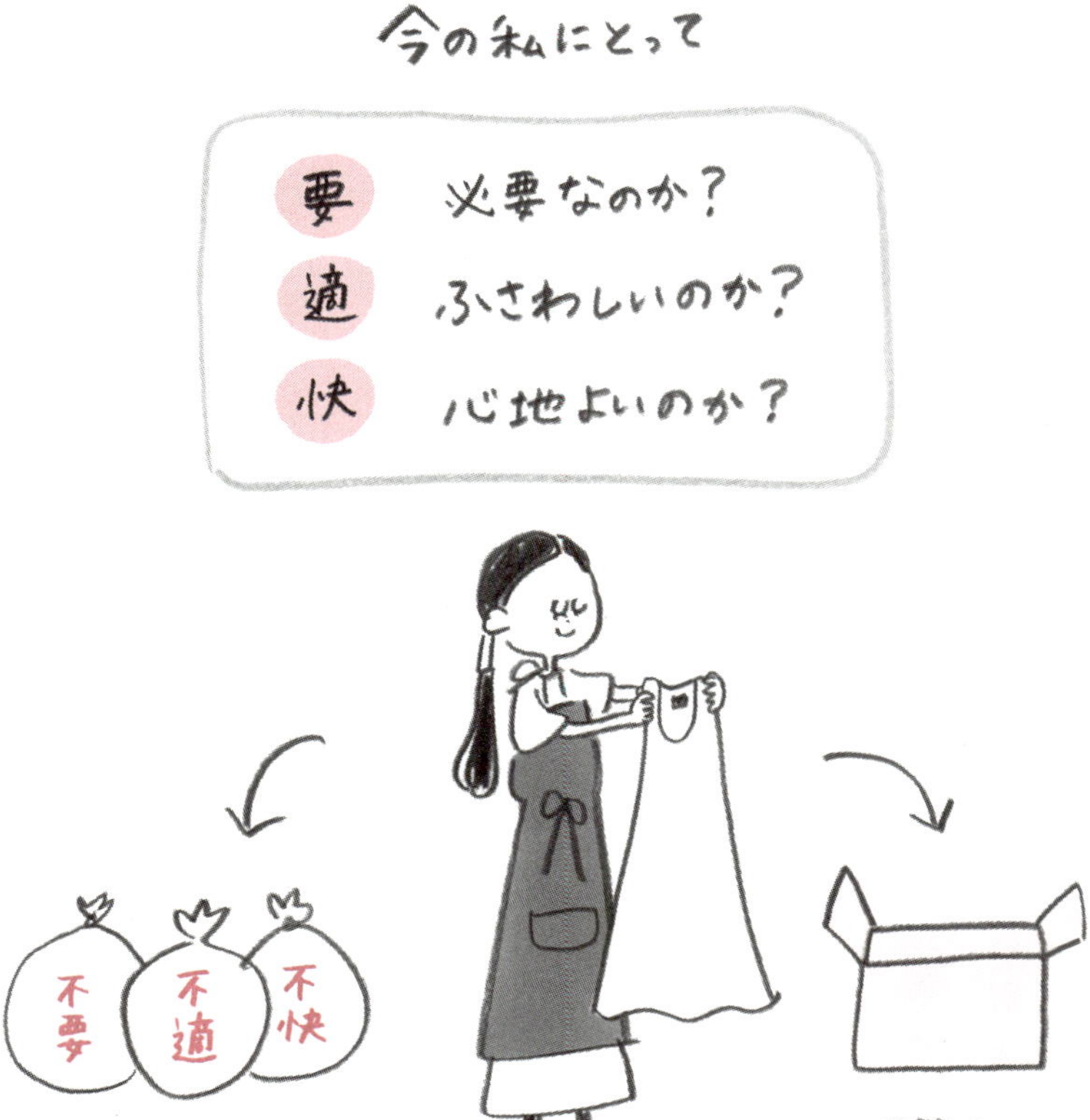

## モノからわかる「セルフイメージ」

**「今の私」にとって、何が「要・適・快」のモノなのか？**

それを見極めるうえで、とても大切なのが、「自分とは何か」ということです。

結局のところ、「自分」というのは、自分が自分に張りつけているイメージです。

私たちは、人に対して「あの人は、こういう人だから、こんなモノをプレゼントしたら喜んでもらえるはず」というように無意識のうちに値踏みをするもの。

それは、特定のイメージでレッテルを張ってしまったほうがわかりやすいし、混乱せずに社会生活を送れるからです。そのほうが脳のエネルギーを消耗せず、節約することができるからです。

同じことを、私たちは自分自身に対しても行っています。これを**「セルフイメージ」**と言います。**私たちは、自分の無意識のセルフイメージの範囲内で、自分**

**のモノを選び、自分に与え続けていくのです。**

さあ、ここで身の回りのモノを、こんな視点で改めて見回してみましょう。

今現在、あなたは、ショップのポイントをためてもらった景品のマグカップを使っています。もしも、人から、

「あなたにふさわしいと思うからプレゼントするわね」

と言われたら、どんな気持ちになるでしょう？　それは嬉《うれ》しいプレゼントですか。それとも、失礼だと感じるでしょうか。

今現在、あなたは、粗品としてもらったメーカーのロゴ入りのガラスコップを使っています。もしも、人から、

「君にピッタリだからやるよ」

と言われたら、どんな気分になるでしょう？　それは納得いく品でしょうか。それとも、冗談じゃないと腹が立つでしょうか。

そう、ひとつひとつ、身の回りのモノについて、人から「あなたにふさわしい」と言われたらどう感じるかを検証してみるのです。

おわかりですね。もしも、その結果、負の感情がわき上がってきたのなら、実はそれらのモノたちで、自分自身を毎日毎日、貶《おとし》めているということなのです。毎日毎日、自分を不快にし続けているということなのです。

でも、そこに感覚の麻痺《まひ》が起きています。

**私には、そのオマケのグッズがふさわしいのか？**
**私には、その粗品のグッズが似合うのか？**
**私は、そのオマケのグッズがとてもお気に入りなのか？**
**私は、その粗品のグッズがとても好みなのか？**

答えが「イエス」なら、いいでしょう、それはそれで。

しかし、それが大人の女であるあなたのセルフイメージ、大人の男であるあなたのセルフイメージだとしたら、少しばかりもったいない話。いえ、大いに残念なことです。

なぜなら、あなたは、よりふさわしい上質なモノで、ワンランクアップしたモノで、もっともっと自分をもてなしてもいいはずなのだから。何も無意識のセルフイメージで、自分に制限を加えていく必要はないのです。

だから、**自分自身が日々使うモノを吟味していきましょう。厳選していきましょう。**そうすれば、あなたのセルフイメージは、磨き抜かれたものとなっていきます。

セルフイメージとは、自分と自分との関係。そして、その自分と自分との関係は、必ずと言っていいほど、他者との人間関係に反映されていくものです。

そう、モノを選び抜き、セルフイメージを磨き上げていくと、あなたは、他者から選び抜かれた存在へと、さらに脱皮していくことができるのです。

# モノを入れ替えることで、「セルフイメージ」が入れ替わる

「セルフイメージ」について、もう少し理解を深めるために補足しておきます。

セルフイメージとは、私たちが自分自身に張りつけているレッテル。無意識・無自覚に張りつけているものながら、このセルフイメージには、人生そのものを左右してしまうほどの大きな力があります。

なぜなら、私たちは、自ら形作ったセルフイメージ通りに生きるからです。

たとえば、「自分は明るく愉しい人だ」というセルフイメージを持っている人は、明るく愉しく生きようとします。逆に、「自分は暗くつまらない人だ」というセルフイメージを持っている人は、暗くつまらなく生きようとします。

また、セルフイメージの高い人は、褒められたことを素直に受け取ることができたり、最新のファッションを臆することなく取り入れることができたりします。一

方、セルフイメージが低い人は、人から褒められてもお世辞だと受け取り卑屈になってしまったり、目立たないようにと地味な服しか選ばなかったりします。

ところで、このセルフイメージの怖いところは、絶対的な根拠によるものではなく、環境や過去の経験、人に言われたことなどがなんとなく心に残り、なんとなく心に染みついてできていくというところ。しかも、なんとなく心に残り、なんとなく心に染みついてできてしまうものなのに、私たちの行動や思考を決める大きな鍵となるのです。

わざわざ自分を貶《おとし》めるようなセルフイメージを持っていても、トクすることもなければ愉しいこともありません。張り替え可能なレッテルであるなら、よりごきげんなセルフイメージを採用したほうが有意義です。

本人の実感はともかく、セルフイメージには、そもそも客観的な根拠などないのですから。

では、どうやってセルフイメージを入れ替えていけばいいのか？

セルフイメージは、主に環境に影響されて形成されます。

だから、**使うモノを入れ替えることで、セルフイメージを変えることができます。住んでいる家の状態を変えることで、いかようにも変えていくことができます。**

たとえば、「チープな自分」でありたくないなら、家の中から「チープなモノ」を捨て、クオリティを意識してモノを選ぶことで、セルフイメージを高めることができるのです。

とはいえ、セルフイメージを変える第一歩は、自分のセルフイメージに気づくこと。何事も、気づかなければ改善できません。

モノと向き合うことで、モノに込めた自分の想《おも》いを知り、自分のセルフイメージに気づく。そして、そのセルフイメージに対して問題を感じたら、使うモノを入れ替えていけばいいというわけです。

人は、セルフイメージの通りに生きるものですが、セルフイメージは、モノを入れ替え、環境を整えることで、変えていけるのです。

無意識、無自覚は、あなたを損ない、萎《な》えさせます。

あなたは、どんな人生を生きたいですか？

# 「過去」に引きずられ、「未来」にさまよう

「今」の自分のありさまは、「過去」からの連続の結果であり、「今」の自分のありさまは、「未来」への継承となる。

たしかに、そうなのかもしれません。

けれど、**過去をどうとらえるかは、実は、今の自分次第。そして、未来をどう染めるかも、結局のところ、今の自分次第なのだ**と思うのです。

今が幸せならば、過去の辛かった出来事も、「今の幸せ」というオブラートに包んで思い出します。今が幸せならば、これから先の未来も、「今の幸せ」というオブラートにくるんでイメージするのです。

逆もまたしかり。今を不幸せと感じているならば、過去も未来も「今の不幸せ」というオブラートに包んでとらえることになるでしょう。

なぜなら、私たちの思考は、過去と未来を、ふわふわと、行ったり来たりしてさまようものだからです。

それゆえ、私たちは、カタチのあるモノに、固着してしまうのかもしれません。過去に必要だったモノ、過去に好きだったモノ、過去に心惹《ひ》かれたモノが、そのまま今も目の前にあるのは、私たちが、今という時間に無自覚だからなのです。そしてまた、過去から来たモノたちは、そのまま、いつか、そのうちまた使うかもしれないという漠とした意識のまま、未来へと捨ておかれ、ため込まれていくのです。

モノが「そのまま」であること、すなわち「現状維持」しようということは、実は現状維持ではありません。常に変化していく状況に対して、モノが停滞していることにほかならないのです。

**モノを停滞させないために、私たちは、時間軸のズレをこまめに修正し、「今」を敏感に意識する必要があるのです。**

# モノを通して「今」を意識する

断捨離は、「今の私」を物差しにモノとの関係を問い直し、「不要・不適・不快」を取り除いていく作業です。

**断捨離を実践するうえで、「今」を明確に、敏感に意識することは、とても重要です。**人生の変化が訪れているにもかかわらず、生活のスタイルは過去のままということがよくあるからです。

愉しかった思い出。そのときと同じように過ごしたいのはわかりますが、時間の経過とともに状況が変化するのは当然のこと。「今の私にとって、何が必要なのか、ふさわしいのか、心地よいのか」をきちんと意識しないと、ついつい、モノを抱え込むことになってしまうのです。

そして、**もっともったいないのが、「今」という時間に適応できずに、「過去」**

**に心を置いてきてしまうこと。**

今という時間は、この一瞬の積み重ね。今という時間を大切に、丁寧に過ごすことで、新しい「今」がすばらしいものになります。

しかし、今という時間に、心がなかったとしたら、どうでしょう？　心を過去に置いてきたままの状態だったらどうでしょう？

客観的状況はどうあれ、当の本人の心は過ぎ去った過去を生きているわけですから、今に対応できるわけがありません。

このことのほうが、もっともったいないと思いませんか？

もし、あなたの意識が、「今」に集中していたとしたら……。今を「退屈だ」と思うこともなければ、「つまらない」「昔はよかった」などと思う必要もありませんよね。「今日を懸命に生きよう」と希望を持って過ごせるのです。

過去に焦点を当てるか、今に焦点を当てるか。

あなたは、どちらが生きがいのある人生だと思いますか？

人間は、少し油断をすると、ついつい心を過去に置いてきてしまうもの。

慌ただしく時間を過ごしているうちに、「気がつけば、5年、10年と時間がたってしまっていた」という方もいらっしゃるかと思います。

そして、必要なタイミングで必要なことをやらずに、後悔するのが人間です。私たちはよく、「あのとき、こうしておけばよかった」などと、悔やみます。状況が変わっても、後悔だけは残ることがあります。

これでは、過去に生きているのと同じ。また、新たな後悔のタネを残すことになるのではないでしょうか？

私たちの周りには、「今は使っていないけれど、かつて使っていたモノ」「今はそれほどではないけど、過去に大切だったモノ」が多くあります。

**「今の私に」必要か？**
**「今の私に」ふさわしいか？**
**「今の私に」心地よいか？**

「今の私」を基準に、モノとの関係が「要・適・快」であるかを問い直す。そして、さらにこんなふうに、自身の心に問いかけていくのです。

**では、今、私は何をすべきなのだろう？**

**私にとって、どんな時間を過ごすことが重要なんだろう？**

モノと向き合い、モノを通して「今」を意識することは、自分が生きる今というかけがえのない瞬間を、輝かせることになるのです。

# 「収納しっぱなし」は「散らかしっぱなし」と同じ

私たちは、モノを取り入れたときのテンションがいちばん高いもの。買った直後は、ウキウキしたり、ドキドキしたりしているのに、だんだん、そのモノに対するテンションが下がってきます。

選び抜いたモノも、何年か後には、不要になり、不適になり、不快になっていきます。もしかしたら、３日後には、不要・不適・不快になっているかもしれません。

だから、常に、モノとの関係を見直す必要があるのです。

実は、**「収納しっぱなし」というのは、モノを大事に扱っているように見えて「置きっぱなし」と、なんら変わりがありません。**

なぜなら、「収納しっぱなし」は、モノを活かしていないから。「収納しっぱなし」は、「しっぱなし＝放置」という点では、「散らかしっぱなし」とまったく同じなのです。

常に、モノとの関係を見直し、モノをメンテナンスする。関係が終わったモノは捨てる。それが、モノを活かすということです。

**モノの「活用」と「メンテナンス」は、ワンセットです。**

モノを使っているからメンテナンスできるし、メンテナンスしているから使える。使っていないモノは、メンテナンスできないのです。

万が一、メンテナンスしていないのに、使っているモノがあったとしたら……？たとえば、メンテナンスしていないボロボロの靴をはいているとしたら、それは、自分自身をそのように扱っているということです。

「しっぱなし＝放置」にしないで、常にモノとの関係を見直し、メンテナンスしていくことが、モノを活かし、自分を生かしていくことになるのです。

# 「片をつける」ために欠かせないものとは？

「本当の意味で、自分の人生に『片をつける』ために欠かせないものとは？」と問われれば、私は**「人間関係」の片づけ**だと、ためらわずに答えます。

親との関係。

妻、夫、恋人といったパートナーとの関係。

友人、仲間、同僚、上司、部下との関係。

ああ、人間関係もいろいろです。でも、その中で、ずっと尾を引くかのように、これからの人生にも色濃く影響していくのは、自分と親との関係なのかもしれません。

なぜなら、私たちは、親の価値観を無意識のうちに受け継いでいるからです。自分の視点ではなく、親の視点で、他者を判断している可能性は大いにあるのです。親が好む友人、好まない友人。親が気に入る相手、親が気に入らない相手。それは、親自身の価値観に基づいた判断でしかないのです。

子どもの頃、「あんな子と遊んではいけません」とか「あの子なら家に連れてきてもいい」といった親の発言に始まり、大人になってからの結婚相手の選択も、親の反応に心穏やかではいられないのが私たち子のありよう。

20代の頃、「まさかあなたがあんな男を結婚相手に選ぶとは思わなかった」という母親のひと言で結婚をあきらめ、その後、40歳になろうとする今も独身でいる女性が私の受講生さんにもいます。

さて、「片をつける」に話を戻しましょう。

ここで、ある断捨離実践者の体験を披露させていただきますね。

離婚して4年も経過しているのに、かつての夫が使っていた洋服ダンスが大いに幅を利かせている部屋で暮らしている女性がいました。

実は、彼女は、このいまわしい思い出しかないはずの夫の洋服ダンスが部屋に鎮座しているというおかしな状態に、断捨離を始めるまで気づいていなかったのです。

夫と生活していた当時のままに置かれている洋服ダンス。改めて、中身を点検してみても、入っているのはかつての夫のモノばかり。そのほかの夫のモノは、嵐のような離婚騒動の後、あらかた片づけて処分したはずなのに、どうして、洋服ダンスだけが取り残されていたのだろう？

訝《いぶか》ったこの女性は、あることに思い当たったのです。

それは、自分の実家の両親のこと。

実は、彼女の両親は、4年前の娘の離婚を、未だ親戚にも近所にも隠し続けていたのです。両親にとっては、娘の離婚は恥ずべき行為であって、

「このようなみっともないことを世間様にけっして知られてはならない」

とでも思っていたのでしょうか。とにかく、両親は、娘の離婚について固く口をつぐんだままでした。

彼女は、こんな両親の態度が胸にこたえていたはず。なぜなら、自分は親の期待

を大きく裏切った娘になり果てたのだから。

元夫の洋服ダンスが残ってしまったのは、その存在感のあるタンスが夫の代わりとなり、あたかも結婚生活が継続しているかのようなフリをさせてくれるから。

そう、元夫の洋服ダンスは、離婚したことのカモフラージュになっていたのです。

それは、すなわち、親の失望と親を失望させてしまった自分自身の後ろめたさ、心の傷のカモフラージュ。しかも、自分でも意識していない無自覚なカモフラージュだったのです。


それに気づいた彼女は、ただちに、元夫の大きな洋服ダンスを断捨離。4年前の自分の離婚は、自分がより幸せになるために選択・決断した離婚。人生をより自分らしく生きていくための離婚。けっして親を憚《はばか》るものではなかったと、意識を切り替えることができたのです。

これが、彼女にとって、本当の意味で人生に「片がついた」ときでした。


**モノを片づけて、人生に片をつけていく。**

## 人生に片をつけて、モノを片づけていく。

どちらが先でも、どちらが後でもない、同時進行のスパイラルアップの世界。
けれど、モノへの問いかけこそが、「片をつけること」をもたらしてくれます。

さて、モノとの関係を問う際の最初の問いかけは、「今の私にとって、必要か不要か」ということです。

しかし、この「要・不要」の線引きが、実はこれからの**「人生のビジョン」**と大きく関係していることに、私たちは、多分に無自覚です。

「今の私に必要かどうか」を基準にモノとの関係を見直すことは、究極的には「この先、私がどう生きたいのか」を考えるのと同じです。

「これから先、どう生きるか」という見通しがなければ、何を残していいかわかりませんよね。だから、ビジョンが必要なのです。

それは、けっして自らの過去に照らして考えることではありません。

「これまで、私はどう生きてきたか」というのは、あくまでも過去の事実。過去のよいことも悪いことも、「この先、どう生きたいか」ということとは関係ありません。

自分に自信を持つために、私たちは根拠を欲しがります。「過去に、何を行ったか」で自信を持ったり、持たなかったりします。しかし、そこには根拠など何ひとつありません。過去が、これからの未来を決めることなどないのです。

未来を決めるのは、「これから先、どう生きるか」という意思。「どんな人でありたいか」という意思です。

片づけとは、「片をつける」ということです。それは人生に片をつける、方向性を見出すということでもあります。

**「今の私」とモノとの関係を問うには、「これから先、どう生きるか」という人生のビジョンが重要です。**

「今の私」は、過去ではなく、未来から逆算して、あなたが決めるのです。

# スーパーでティッシュペーパーを選びながら、センスを磨く

断捨離の「捨」がモノの出口なら、「断」はモノの入り口。

家の中にあるモノをひとつひとつ吟味して、ゴミ・ガラクタを手放す「捨」も大事ですが、住まいになだれ込む余分なモノをせき止める「断」も同じくらい大切です。

第1章でも述べたように、景品、粗品、オマケ、ダイレクトメール、お中元、お歳暮などなど、自分で手に入れるまでもなく、どんどんモノが住まいに入り込む現代。入り口でストップしようと、自覚することが大事です。

そのためには、**タダでも、気軽にモノをもらわないこと。**

そして、**モノを買うときは、モノを選び抜くことが重要です。**

安いから、「とりあえず」選ぶ。高いモノには手が出ないから、「仕方なく」決め

る。これくらいがほどほどだから、「まあ、いいか」と買う。

そんなふうに妥協やガマンやあきらめから、モノを買ってしまっていないでしょうか？

ファッションアイテムならいざ知らず、日常品の買い物にはそこまで意識を向けられないという気持ちもわかります。忙しい日々を送っていたら、それも無理からぬことではあります。

日本には、モノを買う際に多くの選択肢があります。台所のラップフィルムやティッシュペーパーといった毎日使う必需品、消耗品にしても、さまざまなデザインがあり、グレードが設けられています。

多くの選択肢があるのは恵まれたことではありますが、私たちは選択肢が多すぎるとかえって迷うもの。選択肢が多すぎると、選ぶことが面倒になることさえあります。**選択肢の多さは、選ぶ感性を鈍化させてしまうこともある**のです。

けれど、感性を鈍らせたまま、妥協の産物ばかりを取り入れたら、私たちの意識も思考も、妥協に覆いつくされてしまい、日々の暮らしが妥協の色に染まっていくばかり。人生だって、妥協のまま過ぎていってしまいます。

選択肢の多さは、自分のセンスを発揮できるという利点もあります。そう、選択肢がひとつしかなかったら、センスの発揮もあったものではありませんからね。

断捨離の「断」とは、決断の「断」。妥協することなく、自分のセンスを駆使してモノを選び抜くという決断の「断」でもあります。

「モノを買う」という行動は、「自分は何を求め、何を選んで生きていくか」という人生の選択・決断のトレーニングでもあります。

**日常の必需品、消耗品であっても、「なんとなく」「まあ、いいか」と選ぶのではなく、自分のセンスに照らし合わせ、厳選して買いましょう。**

スーパーでティッシュペーパーを選びながら、自らのセンスを磨く。日常のちょっとした買い物の中でも、センスを磨けていけたら素敵ですね。

「断」を意識すれば、無料のティッシュや保冷剤をムダにもらったり、つい、お買い得品を買いすぎたりすることも減ります。

「入ってくるモノ」が減るわけですから、結果、「捨」がよりスムーズになり、どんどん空間が快適になっていきます。自分のセルフイメージにも気づき、改善されます。

**「断」と「捨」を繰り返すことで、好循環が起こるのです。**

特に女性は、「断」が苦手な人が多いようです。受け入れる性である女性は、受容力が高いため、意識してモノをせき止めないと、モノであふれてしまうことになりかねません。

一方、男性は、「捨」が苦手な人が多いようです。獲得したモノを自分の勲章のように感じてしまう男性は、一度手に入れると、いつまでも自分のモノとしてコレクションしておきたい気持ちが強いのかもしれません。

# モノに自分を高めてもらう

「今の私にとってふさわしいか、ふさわしくないか」をモノに問いかけたとき、それが「自分にふさわしいモノ」であれば、私たちはためらわずに「自分のモノ」として選択することができます。

しかし、それが「自分にふさわしくないモノ」であれば、私たちは違和感を覚え、排除するか、もしくは選択肢からはずそうとします。

ただし、このときモノに対して感じる「これは自分にはふさわしくない」という違和感には2種類あるのです。

ひとつは、「自分がステップダウンするモノ」に対して感じる違和感。そしてもうひとつは、「自分がステップアップするモノ」に対して感じる違和感です。

前者は、「こんなグレードの低いモノ、冗談じゃないわよ」といった拒否感に起因する違和感です。後者は、「こんないいグレードの高いモノ、私が使っていいのかしら？」といった気後れがもたらす違和感です。

前者の場合、その違和感を受け入れることは自分の価値を下げることになるので、自分の感覚に素直に従い、拒否するのが賢明でしょう。

けれど、後者の場合はどうでしょう？

気後れの度合いにもよりますが、**自身のステップアップにつながるモノに対しては、違和感を覚えつつも「エイや！」と思い切って受け入れることをおすすめします。**

なぜなら、気後れからグレードの高いモノの受け入れを拒んでいては、いつまでも同じステージに留まったままになるからです。セルフイメージを上げることもできません。

自分の持ち物の中から取捨選択をする場合は、上質なモノを残し、質の落ちるモノを捨てる。

何かを新たに取り込む場合は、「まあ、この程度でいいか」と質の劣るモノをなんとなく選ぶのではなく、**数は少なくてもいいから、これまで使っていたモノよりも上質なモノを厳選して取り入れる。**

最初は大きな気後れ感があるモノも、自分のモノとして使いこなしていくうちに、その気後れ感は次第に小さくなり、やがて消えていくものです。そして、気づいたときには、自分自身がグレードの高いモノに似合う存在にステップアップしているのです。

**どうでもいいモノから、憧れのモノへ。**

そう、自分自身のステージを上げることにつながる違和感は、果敢に受け入れていくのです。

## 自分で考える、自分で感じる

モノを絞り込むことは、簡単なことではありません。モノを捨てることには、後ろめたさが伴います。だから、私たちは、つい、

「どうしたら、モノを減らすことができますか？」

「どうしたら、モノを捨てられますか？」

と、他者に「どうしたら」を投げかけて、指示を仰ぎたくなるものなのです。

誰かに決めてもらえば、モノを絞り込む面倒さも、モノを捨てる後ろめたさも肩代わりしてもらえるからです。

効率的に、ササッと終わらせたい、考えるのは面倒という気持ちは理解できますが、断捨離は実践哲学。人に相談し、人に言われるがままにやるものではありません。**断捨離は、自分の心で感じ、自分の頭で考え、試行錯誤しながら実践してい**

**くものなのです。**

ときには失敗することもあるでしょう。「捨てなければよかった」と後悔することもあるかもしれません。

でも、一度失敗をすれば、次には気をつけるようになり、取捨選択の精度は上がっていきます。

たとえば、自転車に最初からうまく乗れる人はいませんよね。転んだり、ふらついたりしながら、身体で覚えていって、だんだん乗れるようになっていくのです。

断捨離も同じこと。自分でやってみなければ、何も始まらないのです。日々トレーニングをし、トレーニングを積んでいくことで習得していくものなのです。日々のトレーニングを通して、取捨選択する力が磨かれていくのです。選択・決断の筋力アップは、自分で考え感じ行動してこそ、可能なのです。

とはいえ、トレーニングを積んだからといって、モノを手放す際の罪悪感が薄れるわけではありません。モノを捨てるときは、痛みが伴います。

セミナーを始めた当初、私は「『ありがとう』と感謝してから捨てましょう」と言っていました。けれど、それは方便だったと気づきました。

友だちに譲る、寄付する、あるいはリサイクルショップに引き取ってもらうといった方法も提案しましたが、それさえも廃棄に伴う後ろめたさを先送りしているにすぎないと気づきました。

最近私は、そうした罪悪感、後ろめたさも引き受けようと考えています。

罪悪感、後ろめたさを回避しないことこそが、モノを所有した私たちの責任ではないかと思うからです。

**手放すときの罪悪感や後ろめたさを知っていれば、新たにモノを取り込むときの気持ちも、また変わってくると思うのです。**

# 今いる場の目の前のモノから、始める

**目の前を見よ。**
**そして、感じろ。**
**そして、考えよ。**

これは「断捨離をしたいけれど、どこから始めたらいいかわからない」という質問に対する答えです。

**断捨離をするモノや場所に、順番などありません。目についたモノ、それこそ、今いる場所で目に入ったいらないモノから始めればいいのです。**というより、断捨離は、そこから始まるのです。

**目の前の必要のないモノを、即、ゴミ箱に入れる。ただそれだけのこと。**片づけようと思うのではなく、ただ捨てるのです。

そんな小さな生活習慣が、断捨離体質を作り出す基礎的なトレーニングとなります。

実は、こんな簡単なことが、案外できていないのが私たちです。

街中でポイ捨てされるモノや、列車の中で置き去りにされるお弁当の空箱などを見れば、ゴミ箱にきちんとモノを始末することをしない、できない、そんな人たちが、とても多いことがわかるというもの。

そう、モノの堆積とそれによる家の中の混乱は、小さな薄いダイレクトメールの類いから、大きな重たい机といった家具の類いにいたるまで、その都度の始末をつけようとしない習性のなれの果て。モノが大きく重たくなればなるほど、放置される期間が長くなるのです。

断捨離は、今いる場の目の前のモノから取り組めばいいわけですが、心得があります。

**断捨離を始めるときの鉄則はただひとつ。「空間を区切って始める」ということ。**

大きな空間に、いきなり取り組もうとすると、収拾がつかなくなってしまいます。なぜなら、モノは、見た目以上、あなたの想定以上に、たくさん詰め込まれているから。

まずは、机の引き出しひとつ。本棚の上二段。冷蔵庫の上段。そんなふうに、区切られた空間で繰り返しモノを絞り込んでいき、小さな達成感をしっかり味わうようにします。

その味わった達成感が呼び水となって、次の区切られた空間に挑もうとする意欲が、自然とわいてくるのです。

繰り返しておきますね。断捨離とは、モノを絞り込んでいくこと。モノを減らしていくこと。モノを選び抜いていくこと。すなわち、モノを捨てていくこと。

モノさえ少なくなれば、片づけが容易になります。整頓も収納の手間もかからなくなり、掃く、拭く、磨くことも、面倒ではなくなるのです。

**「片づけ＝整頓・収納」だという思い込みこそ、断捨離しなくてはなりません。**

片づけが、整頓・収納だと思い込んでいるから、大量のモノたちを前にして、「どこから手をつけていいかわからない」「どこから始めたらいいかわからない」と戸惑ってしまうのです。

ところで、冒頭で、「今いる場の目の前のモノから、始める」と申し上げましたが、私自身は、普段あまり人目にさらされることのない空間にたまり込んでしまったモノたちを断捨離するのが大好きです。

たとえば、めったに開けない押し入れの中や洗面台の下の棚などの見えない場所です。このような収納空間は、いつの間にかモノが押し込められて吹きだまりになりがち。しかも、目にすることが少ないので、放置されたままになるのです。

そんな吹きだまり空間、誰も知ることのない、私だけが気がついている場所。それは、まるで、私の心の中のよどみ、あるいは潜在意識にこびりついている垢《あか》。そこを断捨離していくと、気持ちよさ、爽快感が格段に違うのです。

私にとって断捨離は、潜在意識をクリアにするメソッド。潜在意識がクリアになれば、物事は自動的に展開していくとわかっているので、悩んだり、戸惑ったりしたときは、目につかない場所にある不要なモノたちを断捨離していくのです。

# 断捨離に終わりはない！

ダイエットでも、片づけ術でも「リバウンドなし」を売りにしているものがありますが、リバウンドは自然現象です。自然の流れを取り戻すのが断捨離ですから、リバウンドはあります。

たとえば、秋の庭掃除。一度落ち葉を掃いてしまえば、二度と落ち葉はたまりませんか？　そんなことはありませんよね。風が吹けば、また落ち葉はたまります。けれど、一度キレイに掃除した庭に落ちてきた葉っぱであれば、簡単に掃くことができます。やり方もわかっているので、手早くキレイにすることができます。

私たちの身体も、生きている限り、垢がたまってきます。一度お風呂で洗ったからといって、二度と洗わないということなどありませんよね。

モノも同じことです。生きていれば、モノがたまり、散らかるのは当たり前。新たにモノを取り入れ、一時的に総量がオーバーしてしまうこともあります。それは自然現象であり、私たちが生きている限り続くことです。本当に「リバウンドなし」というのであれば、それは死んでいるということなのです。

だから、**生きている限り、断捨離に終わりはありません。**

ただし、**進化発展があります。**

ひとつの山を登り終えた人が、さらに高い山に登りたくなるように、断捨離もひと山越えると、そこで新たな課題・テーマが見えてきます。

それは高い山に登ったからこそ、見える次の山。当然、難易度はそこまでにクリアしたものより高くなっています。けれど、ひとつの山を登ったことにより、ノウハウも身についてきているため、勇気を振り絞らずともチャレンジできます。

断捨離でモノと向き合い、空間と向き合い、「不要・不適・不快」を取り除いていけば、鈍っていた、思考・感覚・感性がどんどん磨かれ、スパイラルアップしていきます。

そもそも、大変なのは「ゴミ置き場」や「物置」だった状態から脱する最初の段階だけ。ゴミ・ガラクタを捨て、モノを適量まで減らしたら、空間が広くなり、「住まい」になります。住まいとは、整頓、掃除がしやすい状態の空間であり、そこで過ごすことが快適と思える空間。

一度住まいに昇格すれば、あとは「もっとよくしたい」という本能が働き、自然と片づくのです。

もう一度言います。**断捨離には、終わりはありません。断捨離は、ずっと続いていくのです。**

だからこそ、進化発展があるのです。

終わりがなく、どこまでも続いていくからこそ、どこまでも進化発展していくのです。

# 第 4 章

# 整えれば、調《ととの》う

# モノを整えて、「美学」と「美意識」を磨く

人とは、いろいろな「価値観」「観念」を持って生きている存在。私たちは「こうあらねば」という思い込みを持ってそれぞれ生きているのです。

価値観や観念が、私たちの人となりを形作っているわけですが、こうした価値観や観念が、自分に生きづらさを強いるのであれば、手放してしまってもかまわないのではないでしょうか？

気に入って買った服でも、時が流れ、環境が変化すれば自分にはふさわしくないファッションとなり、新たな服が必要になります。同じように、時間がたったり、環境が変わったりすれば、別の価値観や観念が必要になるのは当然のことです。ましてや、周囲から押しつけられた価値観や観念であればなおさらです。

不要な価値観や観念を手放し、今の自分に合った価値観や考え方を取り入れる。

そう、モノだけではなく、**価値観や観念にも新陳代謝が必要なのです。**

大事なことなので繰り返しておきますね。断捨離とは、「今の私」を物差しにして、自分とモノとの関係を問うていくこと。

そして、自分との関係性を問う意識は、「モノ」に対してだけでなく、自分を取り巻く「ヒト」や自分を取り巻く「コト」にも向かうようになり、やがて思考や感情を支配する価値観や観念にも及んでいくのです。

なぜなら、私たちの意識はひとつ。モノに対しても、ヒトに対しても、コトに対しても、価値観や観念に対しても、同じひとつの意識が向けられるからです。モノに向けられる意識が変われば、ヒトに向けられる意識も、コトに向けられる意識も変わり、価値観や観念も自ずと変わってくるのです。

**断捨離は、モノを入れ替えていくことによって、価値観や観念の新陳代謝を促進するツールでもあるのです。**

だからこそ、**男は「美学」を、女は「美意識」を磨くことができ、人生に変化が起こるのです。**

## あなたの家、人生を「詰まらせているモノ」の正体とは？

もともと断捨離は、ヨガの考え方から生まれたもの。

本来ヨガは、偏りや歪《ゆが》みなど身体の不快を取り除くことを通して、自らの行動パターンや心の動きを見つめるためのもの。

断捨離は、モノと向き合うことで自らの心を見つめ、空間といっしょに心を整えるヨガ。違う言い方をすれば、空間を通して心を調えるセルフマネージメントです。

人生が変わったという断捨離実践者はとても多いのですが、それは、断捨離を繰り返す中で、自分自身を見つめ直し、ご自身の制限、心のブレーキに気づき、それを手放そうと決意し、実際手放していくからだと思うのです。

これをセミナーなどでは、**「詰まりが取れる」**という表現で説明しています。

「詰まり」とは、何の詰まりなのか？

それは、「思考の詰まり」「感情の詰まり」、そして「潜在意識の詰まり」のこと。あなたの人生の流れを滞らせている「人生の詰まり」のことでもあります。

妻として、夫としてこうあるべき。母親として、父親としてこうあるべき。嫁として、婿としてこうあるべき。夫婦とは、家族とはこうあるべき。あるいは、女とは、男とはこうあるべき、社会人として、職業人としてこうあるべき。地位ある者は、名誉ある者はこうあるべき。

これら「べき」は、大抵の場合、意識して自らが自分に積極的に課した規範ではなく、生育環境、生育過程を経て、知らず知らず刷り込まれてきたものです。信じて疑わないというより、信じていることにさえ気がつかず、取り込まれているかのよう。しかも、それを、次世代の子どもにも刷り込み続ける。子どもとは、こうあるべきだと。

それら刷り込まれた「べき」の塊が、本来、自由闊達《かったつ》に生きようとする命の流れをせき止めていくのです。それこそが、詰まりの根源と言っていいでしょう。

断捨離のスタートである、モノを捨てていく行為にも、常につきまとうのがこの「べき」です。

使えるモノを捨てるなんてとんでもない、モノは大切にとっておくべき……。

たしかに、これは、抗いようのない正論とも言えます。正論であるからこそ、私たちは、この「べき」をあえて検証することはしません。そこで思考が停止したまま、「べき」というしばりの中で生き続け、モノをため込み続け、住まいを閉塞させ、その閉塞した環境の中で、さらに思考どころか、感覚を麻痺《まひ》させ、感性を鈍化させて、人生さえも閉塞させてしまうのです。

**私たちは知らないうちに、この「べき」の塊で、家の中にも、頭の中にも、心の中にも、詰まりを生じさせていきます。**

それら「べき」の塊は、私たちの人生のブレーキとなってしまうものたち。これら、「べき」に基づいた思考や感情で、私たちは、過剰なまでの制限を自分自身にかけてしまうのです。

ふとしたタイミングで、自分が知らず知らずにかけていたこのブレーキ、制限の存在に気づく断捨離実践者はとても多いものです。いいえ、そもそも、断捨離とは、そのためにモノと向き合うのですから、これは当然のこと。

ある母親は、子どもの小学校時代のたくさんの作品を捨てられないと、悩みあぐねていました。子どもさえも見向きもしない稚拙な図画工作類。しかも、その子はすでに立派な20代の青年であるにもかかわらず。周囲からは、滑稽にも映るその悩み。

けれど、彼女は、こんな思い込みの中にいるのですね。よい母のあるべき姿とは、子どもの成長の証《あかし》となるモノはすべて保管しているものだと。

同時に彼女は、巣立っていった子どもに対して、強い寂しさを感じてもいます。だから、子どもの作品に固着するのです。そして、その固着が詰まりとなって、彼女の子離れをさまたげ、子どもが独立したあともなお、自身の新たな人生を歩むことにブレーキをかけているのです。

また、ある男性は、さして広くもない住まいの一室を、膨大な読みもしない本で埋めつくしています。それらの本たちは、教養人として、知識人として、読むべき本であると思ったがために、なんとなく買い集められたもの。つまり、この男性は、一人前の男性として周囲に認められるには、教養人、知識人であるべきだと思い込んでいるかのよう。

けれど、実際はその本は読まれることもなく、たとえ読んだとしても、部屋の状況と同じように、頭の中にただため込まれて、その内容は実践されることはありません。そう、頭を詰まらせているだけなのです。

詰まりの原因も、要素も様子も、人それぞれ。けれど、確かなことは、どんな詰まりであれ、それらは、私たちの人生にいっぱいの制限とブレーキを仕掛けてくるものなのです。

**断捨離とは、これらの詰まりの正体を特定し、モノを捨てながら、モノの詰まりを解消しながら、自分で自分に課した制限とブレーキを外していく行動療法。**

断捨離で詰まりが取れれば、人生は一気に流れ出すのです。

体験談
1

# 断捨離で、人間関係が変わる

**不思議なことに、断捨離が進むにつれて、多くの人たちが、劇的な人間関係の変化を経験しています。**


夫婦の関係、家族との関係、職場での関係、などなど……。

なぜ、断捨離をすると、人間関係が劇的に変わるのでしょうか？

断捨離を進めていくと、嫌でも自分の胸のうちの問題に突き当たります。そして、その想《おも》いや観念が、どこからくるのかを考え始めます。


**今の私は、何を必要としているのか？**

**今の私は、何がふさわしいのか？**

**今の私は、何を心地よいと感じるのか？**

モノとの関係を問ううちに、ヒトやコト、観念へと深化。これまで気づかなかった人間関係の問題にも突き当たるのです。
問題に気づけば、あとは改善するのみ。結果、人間関係の変化を経験されるというわけです。
今回、この本をまとめるにあたり、私のメルマガ読者の方に、「断捨離をしてよかったこと」というテーマでアンケートを取りました。（年齢や肩書き、掲載内容は取材当時のものです）
まずは、断捨離で人間関係が変わったという、「断捨離実践者＝ダンシャリアン」たちの声をご紹介しましょう。

断捨離をするまで、私は些細《ささい》なことにもよく腹を立てていました。たとえば、耳が少し遠くなってきた夫に対しては、「そもそも聞く気がないんでしょ！」と言いがかりをつけていました。子どもが洋服を脱ぎっぱなしにしたり、食べ終わったお皿を台所まで運ばなかったりすると、心の底から怒りがこみ上げ、抑えることができませんでした。

「自分を何様だと思っているの？」「私を女中だとでも思っているの？」などと、大声で怒鳴り散らすこともしばしば。少しでも反抗しようものなら、「気に入らないなら、出ていきなさい」とまで言う始末。けれど、怒ったあとは、私はどうしてこうも周りを不快にさせてしまうのだろうかと、自己嫌悪に陥っていました。

心理学関係の本などを読み、原因は自分の育った環境、支配的な母親のもとで育ったことにあると認識。とはいえ、認識しただけでは怒りは収まらず、怒りの感情が起こるたびに、母の面影が亡霊のように現れ、よけいにイライラしました。ちなみに母はまだ健在です。

そんなときに出会ったのが、「断捨離」の本でした。すぐには実践できませんでしたが、リビングを占める高級なお皿が並んでいる大きな食器棚が目障りになってきて、３年前に断捨離。そこから加速して、着ない服と洋服ダンスを２つ断捨離。本もリサイクル、アルバムも整理整頓。以来、本はもっぱら図書館で借りています。

来る人来る人が、「家がキレイだね」とか「広いね」「5人家族とは思えない」と言ってくれます。そして2年ほど前からは、すでに独立している長男が帰ってくるたびに、「母さん、怒鳴り声をあげなくなったねぇ」と言うようになりました。多少小バカにした感もありますが（笑）。

先日も、キッチンのリフォームで訪れた営業さんがミスの多い方だったのですが、「ま、いっか」と大目に見ることができ、その営業さんからは「寛大なお心に感謝します」と言われました。職場でも、「無理」と思われる仕事を、全部ではありませんが、断ることができるようになりました。

断捨離を通じ、こみ上げる怒りがなくなったことで、肩の力が抜けたとでも言うのでしょうか……。人生がラクになり、スッキリしました。

（40代・女性・専門学校職員）


大きな食器棚と洋服ダンス2つ、その中に入っていたモノが家からなくなったのですから、空間は以前よりも断然広くなったことでしょう。広々とした空間に身を置いていると、自然と心にもゆとりが生まれてくるもの。心のゆとりが、人間関係にも影響し、好循環をもたらしたのでしょうね。

「自分がガマンしていればいい」「自分は○○でなければならない」という思い込みで、イライラすることが多かったように思います。断捨離をしてからは、自分はどうしたいのかを相手に伝えることができるようになり、相手の気持ちも汲《く》めるようになりました。気持ちに余裕ができ、イライラすることが少なくなりましたし、イライラしても自分の気持ちをコントロールできるようになりました。

（40代・女性・会社員）

無自覚のうちにご自分にかけていた「私がガマンすればいい」「私は○○であらねばならぬ」という制限をはずされたのでしょう。言い換えれば、**ずっと被害者意識で生きていた自分からの卒業をされた**のですね。

「今の私を基準にすること」を「自己中心的になること」のように誤解されることがありますが、けっしてそんなことはありません。**「今の私を基準にすること」に**

**よって、自分を大切にできるようになる。だから、相手をも大切にできるようになる。**つまり、自分だけでなく、相手をも尊重できるようになるのです。

さらに、自分の気持ちを大切にしていくと、自分の気持ちを俯瞰《ふかん》的にとらえられるようになります。そのため、自分の気持ちにフタをすることなく、自分の気持ちを穏やかに保つ術《すべ》が身についてきたということでしょう。

断捨離をして、人とのつきあいを割り切ることができるようになりました。年に1回アメリカから帰ってくる友達がいますが、彼女が誘ってくれば、東京で会い、彼女に合わせたプランをいつも優先していました。しかし、彼女は私と会うのが目的というより、自分の計画につきあってくれる友達を探していたので、今回きっぱり断りました。自分にとって、「快か不快か」を問う断捨離の教えで、人生がスッキリしました。

（50代・男性・パート）

モノの断捨離は、コト、ヒトの断捨離へつながっていきます。人生に必要なモノ、コト、ヒトだけが選び残されていくのです。

窓を開けるのにも一苦労していた実家を断捨離。モノを捨て、窓がすぐに開けられるようになってから、反目していた母と私の娘がお互いをいたわる言葉をかけ合うようになりました。
（40代・主婦）

つい忘れがちなことですが、**モノが邪魔となって窓が開けにくい、あるいはドアが半開きにしかならないといった小さな物理的ストレスの蓄積は、やがては大きな心理的ストレスへと膨らんでいきます。**そして、ストレスフルな人間関係がそこに展開されることになる。窓が開けづらかったとは、なんとも象徴的なこと。きっと、彼女の娘さんも、彼女のお母さんも、お互い心の窓が十分に開いていなかったということなのですね。

ところで、「家族のモノが邪魔に見えて仕方ない。捨ててほしい」と不満を持たれている方も多いようです。

まあ、気持ちはわかります。空間と時間とを高い密度で共有するからこそ、家族のモノが目障りで仕方がなくなるのです。しかし逆に、あなたのモノも、家族からそう思われている可能性は大いにあるのです。

さあ、この家族間の秘められた縄張り争い、どうやって解決していきましょうか。徹底的にバトルを仕掛けるか、平和的な解決を模索するかはあなた次第。つまり、これも人間関係の問題なのですね。モノの問題のように見えながら、モノの問題ではないのです。

たとえば、夫婦関係で夫を好ましく思っていないのならば、夫のモノはとても邪魔に映り、さらに夫が疎ましくなる。それは、夫にとっても同様。

モノによる代理戦争はひとまず休戦させて、自分と家族との人間関係が今現在どのようなありようなのか、これから、その関係をどうしていきたいのかを振り返る必要があるのです。

まずは、自分のモノから断捨離を進めていき、自分の空間と心の中にゆとりを持たせていく。それから、家族に対応していくほうが、よりスムーズな解決策が得られるでしょう。

体験談
2

# 断捨離で、ダイエットに成功する

**断捨離が進むと、自然とダイエットに成功している自分に気づく方も多いです。**

「捨てる」という行動は、痛みが伴うもの。長年、家の中に停滞していたモノには、いろいろな負の感情がはびこっているからです。しかし、痛みを感じて捨てるからこそ、入ってくるモノを制御できるようにもなります。

断捨離の「捨」が進むと、最終的なモノの処分に思考がいくようになり、モノを断つ「断」も自然に進むようになるのです。

私たちの時間、空間、エネルギーは限られています。断捨離をすると、自分のキャパシティがどれくらいなのかを判断する感覚が磨かれていきます。そして、こうした感覚は、食べ物に対しても及んでいくのです。

そもそも、食べることは、モノを取り込むこととよく似ています。

モノを家に取り込むように、私たちは食べ物を身体に取り込みます。取り込む食べ物の量が適切ならば、うまく新陳代謝ができ、体型や健康が維持できます。しかし、身体に取り込む量が多すぎて新陳代謝が滞ってしまうと、余分な脂肪という形で身体にため込まれます。

言うまでもありませんが、食べ物に対する感謝の気持ちはとても大切です。とはいえ、「もったいないから」という理由で、お腹がいっぱいでも食べていたら、確実に余分な脂肪が身体についてしまいます。

たしかに、料理を残すのは心苦しいもの。けれど、「もったいないから」と無理して食べたところで、調理した食材が元に戻ることはありません。

おいしいから食べるのではなく、**「もったいないから」と食べてしまうのは、自分の胃袋をゴミ箱にするのと同じこと。**お腹に捨てるのか、ゴミ箱に捨てるのかの違いでしかないのです。

自分の身体をゴミ箱にしているという状況に気づくと、料理を作りすぎないようになります。食材を買う量も変わってきます。外食するときも、自分が食べられる量だけを注文するようになります。

食材の「断」が進めば、身体に取り込む食べ物の量が減り、余分な脂肪はエネルギーとなって燃焼され、体重が落ちる。つまり、ダイエットにつながるのです。
断捨離実践者の当初の目的は、基本的にモノを手放していける自分になること。けっしてダイエットではありません。けれど、ダンシャリアンたちからは、「断捨離をして減量できた」「なぜかダイエットまでできてしまった」という声がたくさんあがってくるのです。

少しずつですが、断捨離を始めて3年、洋服のサイズが約1・5サイズダウンしました。体重も4～5kg減りました。持病がありますが、今は小康状態で安定しており、仕事もフルタイムで勤務しています。
（40代・女性・会社員）

亡くなった夫が買い込んだ品物で、家の中がいっぱいの状態でした。夫の存命中、私は自分に自信が持てず、劣等感を持ち、ビクビクしながら暮らしていました。夫の死後2年たって、夫の両親が認知症になっていることがわかり、ふたりに施設に入ってもらいました。衛生上の理由から留守宅のモノを捨て始めたところ、心がどんどん軽くなっていくのがわかりました。両親の家にあふれていたモノを捨て、自分の家の不要な品物を捨て終わるのに、8年ほどかかりました。両親の家のモノの95％、自宅のモノの60％くらいを捨てたように思います。モノを捨てるにつれてどんどん元気になり、今では結婚前の元気だった自分に戻りました。振り返ってみれば、モノが増えるにつれて、自分は元気をなくしていったと感じます。今は、身軽になった自分が嬉《うれ》しくてたまりません。

（50代・女性・塾講師）

疲れて帰ってきても、家でゆっくり休めるようになり、めったに風邪を引かなくなりました。体重が落ち、サイズが変わったうえに、自己評価が上がったので、着る服もガラリと変わりました。

（40代・女性・教員）

自分にとって不要なモノを捨てたことで、心も身体も軽くなられたのですね。適正体重になると、身体の循環がよくなり、健康が維持しやすくなります。空間と身体と心は密接に関係しているのだと、改めて気づかされます。

体験談
3

# 断捨離で、自分が好きになる

**断捨離の効用の中でも最大のものが、「自分を好きになれる」こと。**それまでは「片づけられない」ということで自分を責め、「ダメな私」と自分を貶《おとし》めていたけれど、断捨離が進むと、そうした負の感情も、モノの減量とともに減っていくのです。「自分を責める自分」が少しずつ小さくなり、代わって「自分にOKと言える自分」の存在が大きくなって、心がラクになるのです。

人がもっともとらわれるのは、考え方です。無意識、無自覚で抱え込んでしまった観念です。

観念とは、「私はこうあらねば」「人とはこういうものであらねば」という思い込みであり、「私には安物がちょうどいい」といったセルフイメージも含まれます。「不要・不適・不快」な観念は、心の重石《おもし》となります。それを手放すことで、心の重石は取り除かれていきます。難しく、時間のかかる作業ですが、あきらめずにコツコツと続けていけば、やがて重石も動き出します。

心の重石がはずれたら、「自分の心」という環境が劇的に改善します。結果、心の状態が心地よいものとなり、自分を好きになれるのです。

断捨離をしてよかったことは、周りの意見にいちいち左右されなくなったことです。その意見はその人の価値観で言っていることであって、「私はどうだろう」「私はどうとらえるだろう」と考え、人の意見に振り回されない自分になりました。また以前は、「オレの言うことを聞いていればいい」というスタンスだった夫も、私に「どう思うか？」と、相談してくれるようになりました。断捨離をする前は、家族に振り回されて「自分がない私」でしたが、今は自分自身の人生を歩いている実感があります。

（50代・主婦）

モノの整理をすることで、気持ちの整理もできました。自分の好きなモノがはっきりわかるようになって、「好きなモノに囲まれていたい」と思うようになりました。なんとなく使っていた道具を好きなモノに買い替えることで、さらにモノを大事にしようという気持ちが強くなりました。毎日の生活がたのしいです。

（40代・女性・パート）

モノに向かい、自分に問いかける作業は、メンタルカウンセリングのようでした。問いかけることで気づきがあり、気づきがあるから自分が変わるのだと思います。毎日鬱々としていたのが嘘《うそ》のよう。決断力、行動力、自己肯定感がグーンと上がり、毎日がたのしくなりました。

（40代・主婦）

「メンタルカウンセリング」とは言い得て妙。いわば、認知行動療法とでも理解しましょうか。断捨離をすると、自分の気持ちを見つめ、自分の気持ちに気づき、自分を大切にするようになる。だから、毎日が愉《たの》しくなるのでしょうね。

朝早く起きられるようになり、憧れていた朝活ができるようになりました。以前は遅刻ギリギリで出社していたのに、今では始業1時間前までには出社し、メールをすべてチェックし、業界雑誌に目を通すなど、余裕のある生活になりました。そのため、夜もドラマなどを見ることなく早寝になり、おかげで肌の調子も上々です。これから更年期を迎える年頃ですが、健康的で前向きに過ごせる自信がつきました。

（50代・女性・会社員）

小さな当たり前のことに、深く感謝できるようになりました。現在の私がどれだけ恵まれているかに気がつきました。

（50代・女性・セラピスト）

「モノがないと不安な自分」から「モノがなくても大丈夫な自分」になれてしまうのが断捨離。

「こうあらねば」と何かに心を支配されなくなると、「あってもよし、なくてもよし」「何があってもやっていける」と自分を信頼できるようになるのです。

**断捨離が最終的に目指すのは、「覚悟と勇気のある楽天家」**。

周りのことに振り回されることなく、自分を信頼して腹をくくって生きることができたら、とてもごきげんですよね。

体験談
4

# 断捨離で、仕事がうまくいく

モノと向き合い、取捨選択することは、選択・決断のトレーニングでもあります。最初は、選択・決断するのに時間がかかり、なかなか進みませんが、繰り返しやっていくうちに、そのスピードは上がっていきます。

物事を選択する場面で、即決できるスキルが身につきました。

（30代・男性・会社員）

思考がクリアに、そして決断がスムーズになりました。解決できない問題に対しても、あせらず、今できることと、どうにもならないこととをきちんと区別してとらえられるようになりました。

（40代・女性・サービス業）

自分の決定に、自信を持てるようになりました。変わることを受け入れる練習を日々している感じで、現在独立に向けて動いています。その基礎を築いてくれたのが、断捨離でした。

（30代・女性・派遣社員）

迷ったときに、シンプルに考えるようになりました。いちばん大切なモノや必要なモノを、そのときそのときで選ぶようになりました。また作業の場面では、書類の断捨離やパソコンの内のフォルダやシートの削除により、探しやすい環境になってきました。

（40代・男性・会社員）

対人援助の仕事をしています。断捨離を知り、支援の考え方が整理され、仕事がはかどるようになりました。

（30代・男性・団体職員）

身の回りのモノに向かっていた意識は、やがてさまざまな物事に波及していきます。**物事の選択・決断が早くなれば、当然仕事にもいい影響が及びます。**

断捨離を始めてから、なぜか就職活動がうまくいくようになりました。派遣の仕事ではあるけれど、クライアントが変わるたびに時給がアップしていきます。思い切って着ていない服を手放したら、当然持っている服がお気に入りばかりに。以前よりずっと少ない服で着まわしていますが、会社のみんなから「すごくおしゃれ！」と言われるようになりました。

（40代・女性・派遣社員）

仕事の効率が上がり、残業が減りました。以前だったら、「いやだな〜」と思っていた確認作業や、「苦手だな〜」と思っていた手続きなどを、平常心でできるようになりました。

（30代・女性・会社員）

売り上げは年々下降し、在庫が経営を圧迫していました。その現実は十分理解していても、25年間持続してきたサロン経営の歴史を手放せない執着から、ズルズルと某化粧品会社との取引をひきずってきました。先送り体質のために錆《さ》びついて、動けなくなっていた自分を見つめ直し、お客様を美しくしていくという本来の使命を思い出しました。美しくなるノウハウ、技術を提供している私が錆びついていてはダメだと気づき、思い切って、商品の断捨離を決行。去っていかれたお客様も多々いらっしゃいましたが、私を信じて残ってくださったお客様、新しく集まって来られたお客様もいらっしゃり、お店のクオリティ、私の人間性、すべてにおいて改革できたように思えます。最近、新しい取引先との出会いもあり、ごきげんの日々です。

（50代・女性・エステティックサロン経営）

現状を変えるには勇気がいります。けれど、思い切って行動すると、そこには新たな何かが生まれます。

**選択し、モノを選び抜く。**
**決断し、不要なモノをそぎ落とす。**

そこに新たなものが流れ込み、想像もしなかったようなことが展開していくのです。

体験談
5

# 断捨離で、金運がよくなる

断捨離で、モノの量が減ると、今あるモノの把握がしやすくなります。どこに何があるのかがわかっているから、二重買いがなくなります。冷蔵庫や食品庫の中に、賞味期限切れの食べ物を眠らせておくということもなくなります。

また、モノを吟味する習慣がつくので、買い物の仕方も変わってきます。

「スペースができると、こんなにも居心地がよいのか！」と感動しまくり、自宅にいるのが嬉しくて嬉しくて。それまでは留守がちだったのに、あまり外出しなくなりました。必然的にお金も使わなくなって、一石二鳥どころか一石十鳥ぐらいです（笑）。

（50代・男性・パート）

断捨離を始めて、ムダな買い物をしていたことに気づき、シンプルな生活を心がけたら、不思議とお金を使わなくなりました。子どもができて、自分用に自由になるお金が減っているのですが、貯蓄できるようになりました。

（40代・女性・医療事務）

必要なモノが何かがわかるようになり、衝動買いをしなくなりました。

（50代・女性・自営業）

探し物をする時間が減り、二重買いをしなくてすむようになりました。

（40代・女性・会社員）

自分にとって何が必要で、何が必要でないかがわかるようになってきました。今までは迷い症で、服の色でも、どちらがいいか決められず両方買っていましたが、判断力が磨かれて迷わなくなりました。買いだめしなくなったため、お金にゆとりができ、そのぶんが家族だんらんのときのスイーツや貯金に回せる

ようになりました。（40代・主婦）

節約しようと安売りのモノやバーゲン品を買い込み、結局ムダにしてしまうというケースは多いですね。モノと向き合い、「今の自分にとって必要か」を問いかけていくと、自分にとって大切なモノがわかってきます。**必要なモノがわかれば、必要なモノを必要なだけ買うことが習慣になり、結果、お金が貯《た》まるようになります。**

さらに、断捨離をすることで、価値観や観念が入れ替わり、お金に対するブロックがはずれると、お金との関係が変わってきます。

たとえば、「お金は汚いもの」「お金では幸せは買えない」といった観念を持っている人は少なくありません。

たしかに「お金で買えない幸せ」はあります。けれど、「お金で買える幸せ」があることも事実です。実際、お金がなければ、自分が好きなモノを買うことができません。やりたいこともできません。私たちはその事実を十分承知しています。

「ルサンチマン」という哲学用語があります。これは、弱者が強者に対して、憤り、怨恨、憎悪、非難の感情を持つことを表しています。

誤解を怖《おそ》れずに言うなら、「お金で幸せは買えない」というのはお金との良好な関係が築けていない人のルサンチマンではないかと、私は思うのです。

好きなモノは自然と集まってきますよね。お金も同じです。

お金に対してどういうイメージを持っているのかが、お金との関係に表れます。「お金はないほうがいい」「お金なんていらない」と思っている人はおそらくいないはずです。「お金は欲しい」「お金はあったほうがいい」という気持ちがあるのに、その気持ちを見ないようにしていると、お金が流れ込んでこなくなってしまいます。

夫が転職し、月収が10万円アップしました。同時に、お金で手に入らないものも手に入るようになりました。息子と娘が抽選のある受験で見事合格。私も希望の部署に異動になりました。
（30代・女性・公務員）

幸せのカタチはさまざまであり、何を幸せと思うかは人それぞれ。「詰まり」が取れると、人生が流れ出します。流れてきた幸せを、しっかりと手のひらにのせられたらいいですね。

## 体験談6
# 断捨離で、人との出逢いが加速する

出逢《であ》いは、人生の宝物。**断捨離で、人生が流れ出すと、人とのご縁にも恵まれることがたくさん起きるようです。**

断捨離以前は、「とりあえず」「なんとなく」「あれもこれも」という思考回路で物事の選択を繰り返していた人たち。結果、それは、「どうでもいいモノ」から、少しばかり「ましなモノ」との出逢いに終始するだけのことでした。

それが、断捨離で選択・厳選する意識が磨かれていくにつれ、人との出逢いの質も、なんと出逢いの早さまでも、驚くほど変わっていくのです。

今回のアンケートの中でも、断捨離でパートナーとの素敵な出逢いを果たしたというご報告がたくさん寄せられました。

私が20歳を迎え、姉が結婚して家を出た頃から、父が病気、母も認知症、自分自身もうつ病を患い、家庭内のバランスがみるみる崩れていきました。当然家の中はいらないモノでごった返していました。父が10年の闘病の末に他界し、その5年後、私は病院に入り、母も施設に入所しました。一家離散で夢も希望もない状態でしたが、私はあきらめませんでした。退院して実家に帰り、アルバイトをしていたある日、書店で手に取ったのが「断捨離」の本でした。何とか現状をよくしたいとの一心で、少しずつ片づけを始め、その5年後に今の主人と出逢い、半年の交際ののちに結婚。実家を出て2か月後に妊娠、今年の秋に母親になります！　結婚して理解のある主人と一緒になったら不眠症もうつ病も治り、薬に頼る生活から抜け出すことができました。

（40代・主婦）

とにかくモヤモヤした気分がスッキリしました。キャリアの断捨離をしたら、代わりにパートナーに出会えて結婚までしてしまいました。

（40代・女性・アルバイト）

自分にとって何が大切なのか。それを見極めるセンサーがうまく働くようになると、人に対しても直感が働くようになるのですね。

出逢いから間もなくで結ばれた方が多いのは、けっしてあせったわけではなく、断捨離で決断力や判断力が磨かれ、「この人と一緒に生きていきたい」「この人とならやっていける」という確信が早い段階で持てたからですね。

人数の少ない既婚者ばかりの職場で、37歳で結婚するまで、独身をたのしんでいるフリをしていました。自分で自分を納得させるために、高価な車や何台ものカメラなど、ありとあらゆる買い物をしていました。しかし、断捨離に出合い、本当に自分に必要なモノだけに囲まれ、自分のお給料の中でできることをしていこうと考え方が変わりました。いろいろなことが吹っ切れて、昔から夢だったバイクに乗るため、「バイクの免許を取ろう！」と今後の人生を決めたとき、バイク乗り仲間の飲み会に誘われ、主人と出逢い、3か月という短期間で結婚してしまいました。今では、大型バイクの免許も取り、主人とたのしんでいます。子どもができず、いろいろ思い悩むこともありましたが、断捨離の考え方で、夫婦ふたりで幸せです。
（40歳・女性・医療事務）

パートナーとともに、暮らしの中の断捨離をさらに進めていっていただきたいと思います。

体験談
7

# 断捨離で、毎日が変わる

**毎日を気持ちよく、ごきげんに過ごせるというのはとても幸せなこと。生活空間を整えると、心も調います。**

大きな変化ではなくても、断捨離がもたらした日常生活のちょっとした変化が、喜びにつながり、さらに暮らしを豊かにするようです。

不要メールをすぐに捨てるので、何度も開けずにすむようになりました。過剰な期待をしなくなりました。ひと部屋片づいて、子ども部屋ができました。子どもにも、断捨離が伝わってきたようです。
（40代・男性・会社員）

モノが減ってしまいやすくなったので、子どもがおもちゃを自分で整理し、片づけるようになりました。
（30代・女性・パート）

キッチンの断捨離をして、使っていなかった調理器具を全部捨ててスッキリしたら、料理を作るのが前より苦に感じなくなり、手の込んだ料理を作ることが多くなりました。
（40代・女性・パート）

我が家に風と光が入ってきたことにビックリ。いつも電気をつけないと部屋の中に入れなかったのに、断捨離のおかげで、まったく変わりました。まさに、この部屋に窓があったことすら気づかなかった現実。断捨離で、快適生活。自然の風と光でスッキリ。幸せです。
（50代・主婦）

家にいることがたのしくなり、家にいることが癒しになりました。食事、睡眠、着替え、入浴、掃除、洗濯、料理など、家で行う日常的なことがスムーズに行えるようになりました。その結果、イライラすることが減りました。家に友達を呼べるようになりました。台所に立つようになり、料理が上達し、食費が減り、痩せました。精神的にスッキリした感覚に満ちた日常を送れるようになりました。
（30代・男性・会社員）

モノを探す時間が減り、時間に追われることがなくなりました。なぜか、逢いたかった人とバッタリ逢えたり、混雑している駐車場で目の前が空いてすぐ駐車できたり、タイミングがよいこと、ラッキーなことも増えて驚いています。
（40代・女性・パート）

「断捨離をすると、不思議なことが起こる」という、たくさんの声をご紹介しました。

さらに、２０１４年の断捨離大賞を受賞された陽子さん（仮名）のお話をご紹介しましょう。彼女は、人間関係、ダイエット、仕事、金運など、断捨離によって驚くほど人生が劇的に変わったおひとりです。

シンプル・イズ・ベストをこよなく愛し、身の丈に合った生活をモットーにしてきた陽子さんは、バブル時代の好景気を知る男性と結婚しました。

ご主人のマジックワードは、「迷ったら2つ買え」。

たとえば、陽子さんが服の色を茶か黒かで迷っていると、ご主人は「どっちも使い道あるし、2つ買えば」と必ず言うのだとか。違和感を覚えつつも、ご主人に嫌われたくないという思いから、陽子さんは自身の気持ちに反して「迷ったら2つ買う」という生活を送ってきました。

ただでさえモノは増えていくのに、「迷ったら2つ買う」わけですから、都内にあるおふたりの住まいは瞬く間にモノでいっぱいになりました。するとご主人は、「緑の多い環境のよいところで暮らそう」と、広い敷地が手に入る近隣県への引っ越しを提案してきたそうです。

このとき陽子さんは、荷物が増え手狭になったことが引っ越しの一因となっていることをすでに見抜いていました。けれど、彼女は「好きな人の言うことだから」と、違和感を覚えつつも自分の意見が言えなかったのです。

おふたりは東京近郊の環境のよい街で、庭つきの家を構えました。それは陽子さんからすると、「どう考えてもふたり暮らしには不相応な広さ」の家でした。

そして2011年3月11日、東日本大震災が起こりました。

陽子さんの家に、大きな被害はありませんでした。しかし、家のある街が放射線量の高い、いわゆるホットスポットになったのです。

陽子さんにとって都外に引っ越す唯一の拠《よ》り所となっていた「緑あふれる空気のよい環境」という要素は、もろくも崩れ去ってしまいました。

ご主人は夜遅くまで仕事をし、陽子さん自身は日中仕事で都内に出ている毎日。環境のよさというメリットが失われてしまったその街で、広さだけを求めて暮らす意味があるのだろうか？

思い悩んでいた陽子さんの目にとまったのが、書店に平積みになっていた「断捨離」本。彼女は貪るように本を読み、読破した日からさっそく断捨離を実行したのです。

もう着る機会のない営業職をしていたときのスーツ、好みではないいただき物のブランドバッグ、指が痛くなるのをガマンしてはいていた高いヒール靴、義母から数年前にもらった厄除《やくよ》け財布、結局手洗いすることになり使わなくなった食洗機……、行動の早い陽子さんは、一気に断捨離を加速させました。

ご主人は、嬉々《きき》としてゴミを出している陽子さんを不思議そうに見ていたとか。そして、大げさではなくトランクひとつほどの荷物になった陽子さんは、ご主人に都内への引っ越しを提案したのです。

「私の荷物はこれだけ。狭い家でも広々住めるはず」と。

当時、長距離通勤に疲れていたご主人は、意外にも陽子さんの提案をあっさり快諾。

都内に引っ越してからしばらくすると、今度はご主人が「テレビいらないかもね」と驚きの発言をしたというのです。

かつて一軒家で使っていた60インチのテレビは、2LDKのマンションには不釣り合いの大きさであり、陽子さんにとっては願ってもいない申し出でした。とはいえ、映画好きなご主人にとってテレビは大切なモノであるはずです。

「ほかに家具はないのだし、そこまでしなくても……」と逡巡《しゅんじゅん》する陽子さんに、ご主人は「白い壁が広くてキレイだから、小さいプロジェクターを買って、ここをスクリーンにすればいい。ニュースならラジオでも聞けるし、ネットもある」ときっぱりと言われたそうです。

「迷ったら2つ買え」を信条にしていたご主人の口からまさかこんな言葉が出てくるとは、陽子さん自身思いもよらなかったといいます。

テレビがなくなったことで、食事中もダラダラとテレビを見ていたご主人が、陽子さんに向き合って食べるようになりました。雑音のない中、ふたりで向き合えば当然会話がはずみます。ふたりのコミュニケーションは量、質ともにグンとアップしました。

さらにご主人は、お腹が空いてもいないのにたっぷり食べていた昼食を「断捨離する」と宣言。手作りの野菜スープを持参し、それをランチにすることで、2年間で18kgの減量に成功したそうです。

そしてスタイルがよくなったことで、自分が着たいと思う服を厳選するようになったというご主人は、思いがけない人事異動により昇進されたのです。

驚くような展開は、まだまだ続きます。

障害物のない室内は、掃除機をかけるのもラクちんです。ならばお掃除ロボットにキレイにしてもらおうと算段していた陽子さんのもとに、ご主人が会社の行事で当てた特賞のお掃除ロボットが、タイミングよく届きました。

それまで陽子さんはベビーマッサージの講師とアロマセラピストをされていましたが、片手間仕事の域を出ませんでした。ところが、断捨離の好循環の中で、それらの仕事が以前より増えていき、本業とすることができるようになったのです。

そして怒濤《どとう》のような環境の変化の中で、陽子さんとご主人の関係もまた大きく変化したのです。

もともとおふたりは仲がよく、喧嘩《けんか》もしませんでした。けれど、同じ家に住みながら、忙しいことを言いわけにして、お互いに心底向き合うことを避け、独身の延長のような日々を送ってきたのです。

陽子さんは、ご主人と「仲よく暮らしたい」、ご主人に「嫌われたくない」と思うあまり、自分の言いたいことを言わず、自分のスタイルを曲げ、自分で責任を負わない気楽さに寄りかかってきた、と自己分析されていました。

断捨離に出合い、陽子さんは自分の主張をご主人に伝えられるようになりました。自分自身と向き合い、ご主人と向き合うようになったのです。陽子さんの変化は、ご主人にも影響を及ぼしたのでしょう。

おふたりの仲のよさは、心の底からのつながりに変質したのです。

最後に、2013年の断捨離大賞の準グランプリを受賞された男性の体験談をご紹介します。

彼は、ある飲食チェーン店の店長。仕事をバリバリとこなし、従業員には厳しくやさしく接し、任されたお店の売上げも好調でした。会社からの評価も高く、表向きは優秀な男。そんな彼でしたが、実は私生活は問題だらけでした。

仕事のストレスからか、家に帰ると毎晩のようにビールをガブガブ。煙草も1日1箱以上。

食事といえば、ジャンクフードばかり。マクドナルドでビッグマックのLLセットに、フィレオフィッシュにジューシーチキン。これが1回の食事。週に5回は宅配ピザを頼む。2~3人前のMサイズのピザにチキンのセット。2000キロカロリーオーバーなんて当たり前。そんな食生活だから、脂肪もたまって、メタボ体型。

最悪なのは、ひとり暮らしの寂しさを紛らわすために、男性が喜ぶお金の使い方をして借金が200万円。電気、ガス、水道もしょっちゅう止まる。

痛みに満ち満ちた生活をしていたのでした。

そんな彼を救ったのは、「断捨離」本との出合い。

本の通りに徹底的に断捨離してみると……、出るわ、出るわ、ゴミの山。そこから、キレイな部屋で、快適に過ごし始めたのでした。

すると、どうでしょう。あらゆることが好転し始めたのです。

お酒を一滴も飲まなくなり、煙草をスパッとやめ、体重が10kg減り、夜遊びもなくなり、借金も完済。

そして、今は自分が本当にやりたいことに気づき、10年間勤めた会社を辞めて上京。起業に向けて勉強中。


「断捨離すると、これが起こる！」と開運のためのおまじないのようなことはけっしてお約束できませんが、ひとつ確実に言えることは、心の変化が視点や行動を変え、これまで考えたこともなかったような選択肢、出逢いをもたらすということです。

断捨離して、何が流れ込んでくるかは、お愉しみです。信じて、期待せず。まずは、目の前のモノと空間から始めるのです。

**モノを整えれば、思考も気持ちも調います。**
**空間を整えれば、仕事も生活も調います。**
**そして、人生が調うのです。**

# おわりに

## 人生の道はさまざま。

私たちが歩みを進める人生の道は、さまざま用意されているはず。太い道もあれば、細い道もある。真っすぐな幹線道路もあれば、入り組んだ路地もある。快適な高速道路もあれば、踏みしめて歩く畦道もある。

そして、どの道にも、それぞれの味わいと面白さと愉しさがあると思うのです。

だから私は、人生のその時々にふさわしい道を、自由に選べる自分でありたい。

そして、そう願っているからこそ、常に私は、身を軽くしておこうと思うのです。

なぜなら、たくさんのモノを抱え込んでいたら、たくさんのモノをため込んでいたら、そう簡単に道を変えることはできないですものね。

重い荷物のせいで道を変えることができなければ、人生の愉しみを自ら制限することになってしまいます。

## 人生の乗り物はいろいろ。

私たちが乗り込む人生の車両は、いろいろと準備されているはず。自由席もあれば、指定席もあり、グリーン車もある。

できればいつもグリーン車で、快適な人生の旅を愉しみたいとは思うけれど、そうとばかりにはいかない。

けれど、実際、グリーン車に乗り込んでいるにもかかわらず、まるで、貨物列車のような過ごし方をしている場合もあるし、ラッシュ時の満員電車のような暮らし方をしている場合もあるのです。

座席の数以上のモノを持ち込んで、座席をふさぎ、通路まであふれさせ、しかも自分は立ちつくしているような……。

おわかりですよね、このたとえ。

自分の人生の旅の大切な乗り物である仕事場空間を、そしてまた、くつろぐためにあるはずの住空間を、抱え込み、ため込んだモノたちで埋めつくしている様子がまさにこれ。わざわざ、快適さを損なうように仕立てているさま。

だから、私は、モノを選び抜いていきたいと思うのです。

その時々の空間に合わせて、適正な量までモノを絞り込んでいく。

そうすれば、空間の散らかりという混乱を避けることができるし、暮らしや人生の混乱も、同時に少なからず回避できると思うから。

私たちは、人生のその時々で、持つべきモノと、捨てるべきモノがあるのです。

持たねばならない役割と、捨てなくてはならない役割があるのです。

そうは思いませんか。

だからこそ、

**男は、抱え込まずに、潔く。**

**女は、ため込まずに、清らかに。**

そうすれば、必ず、今の自分にふさわしい、持つべきモノと持たなくてはならない役割が鮮やかに浮かび上がってくるのです。

やましたひでこ

## やましたひでこ

断捨離提唱者　ミリオンセラー作家　一般財団法人「断捨離®」代表
学生時代に出逢ったヨガの行法哲学「断行・捨行・離行」に着想を得た「断捨離」を日常の「片づけ」に落とし込み応用提唱。誰もが実践可能な「自己探訪メソッド」を構築。断捨離は人生を有機的に機能させる「行動哲学」と位置づけ、空間を新陳代謝させながら新たな思考と行動を促すその提案は、年齢、性別、職業を問わず圧倒的な支持を得ている。『断捨離』をはじめとするシリーズ書籍は、国内外累計700万部ミリオンセラー。アジア各国、ヨーロッパ各国において20言語以上に翻訳されている。
※「断捨離」はやましたひでこ個人の登録商標であり、無断商業利用はできません。

- 現在、BS朝日「ウチ、"断捨離"しました！」＜毎週火曜夜9時＞レギュラー出演中。
https://www.bs-asahi.co.jp/danshari/
- やましたひでこ公式サイト『断捨離』
http://www.yamashitahideko.com/
- やましたひでこオフィシャルブログ『断捨離』断捨離で日々是ごきげんに生きる知恵
https://ameblo.jp/danshariblog
- 断捨離オフィシャルfacebookページ
https://www.facebook.com/dansharist



暮らしも心も調う
# 大人の断捨離手帖

2024年9月24日　第1刷発行

| | |
|---|---|
| 著者 | やましたひでこ |
| 発行人 | 土屋 徹 |
| 編集人 | 滝口勝弘 |
| 編集 | 浦川史帆 |
| 発行所 | 株式会社Gakken<br>〒141-8416<br>東京都品川区西五反田2-11-8 |
| 印刷所・製本所 | 中央精版印刷株式会社 |

≪この本に関する各種お問い合わせ先≫
- 本の内容については下記サイトのお問い合わせフォームよりお願いします。
https://www.corp-gakken.co.jp/contact/
- 在庫については　☎03-6431-1201（販売部）
- 不良品（落丁、乱丁）については　☎0570-000577
学研業務センター　〒354-0045　埼玉県入間郡三芳町上富279-1
- 上記以外のお問い合わせは　☎0570-056-710（学研グループ総合案内）